하느님의 진리와 사랑

Romano Guardini, *Johanneische Botschaft:*
Meditationen über Worte aus den Abschiedsreden und dem ersten Johannesbrief,
Herder: Basel / Wien 1966, S, 125.

이 책의 한국어판 출판계약을 위해 다방면으로 노력했으나
저작권자를 찾지 못했습니다.
추후 저작권자가 나타나면 계약을 체결하겠습니다.

일러두기

1. 이 책에 나오는 성경 구절은 한글 가톨릭《성경》을 기준으로 하되, 저자의 독일어《성경》인용과 차이가 있을 경우 [ ]를 넣어 보충하거나 그 의미를 살려서 번역하고 출처를 밝혔다.
2. 《성경》장절 표기도 원문 표기와 다를 시 한글 가톨릭《성경》표기를 따랐다.
3. 각주는 원문에는 없으나 독자의 이해를 돕기 위해 역자가 붙인 것이다.

요한복음의 고별 담화와 요한 1서의 묵상과 사색

로마노 과르디니

하느님의 진리와 사랑

로마노 과르디니 지음
김형수 옮김

성서와함께

하느님의 사랑은

그 밖의 모든 사랑을

가능하게 하는

첫 번째 사랑입니다.

- 로마노 과르디니 -

저자와 이 책에 대하여

　　　　　　　　이 책에서 과르디니는 성경 말씀을 매우 깊이 성찰하는 대가다운 모습을 잘 보여줍니다. 그렇다고 과르디니가 단순히 신학적 성찰과 삶에 대한 조언을 제공할 목적으로 이 책을 쓴 것은 아닙니다. 오히려 그는 이성적 사유와 일상의 삶이 서로 밀접하게 연관되어 있음을 보여주려고 합니다. 그는 이러한 점을 그 누구보다도, 냉철한 이성과 그것을 탐구하는 열정에 기반한 성찰을 통해 생생하고 강렬하게 전달합니다.

　요한의 이름을 달고 있는 성경 작품들은 특히 사색적 해석을 하는 데 매우 적합합니다. 공관복음서 저자들과는 달리 요한 복음사가는 구체적 사건과 한 영혼의 상태를 신적 의미, 다시 말해 모든 것 너머에 있는 그것, 저편에 가서야 비로소 온전히 드러나게 될 그런 의미와 연결시킵니다. 요한은 자기 스승의 모습과 그분의 복음을 오랫동안 마음에 품고 교류하면서, 또 깊이 파고들어 묵상한 끝에 나오는 하나의 회고 형식으로 그것을 표현합니다. 특히 요한복음은 다른 복음에 없는 고유한 전승인 예수님의 고별 담화를 전해주는데, 이 담화에서 예수님의 자의식은 자기 자신에서, 그리고 자신의 파견과 그로 인한 운명에서 드러납니다.

과르디니는 그리스도인의 실존과 관련된 근본적인 상황들을 명확하게 밝혀내려는 목적에서 고별 담화와 요한의 첫째 서간에 나오는 중요한 구절들을 면밀하게 살펴봅니다. 사실 이 구절들은 너무나 익숙해서 우리는 그 구절들이 담고 있는 깊은 의미를 흘려버리곤 하지만, 과르디니는 이 구절들의 의미를 다시 살려냄으로써 새롭게 이해할 수 있는 돌파구를 마련해줍니다. '과연 예수님이 세족례에서 행했던 것은 무엇이었는지', '포도나무의 비유를 통해 무엇을 전해주고자 했는지', '세상이 주는 기쁨과는 달리 그리스도께서 주시는 기쁨은 어디서 나오는지'라는 질문들이 여기에 해당합니다.

과르디니는 철저한 사유 작업을 통해 이러한 질문 외에 여러 다른 질문에도 답하려고 합니다. 아울러서 그는 이런 숙고를 하는 중에도 언제나 개별적이며 구체적 상황에 처한 인간을 염두에 두고 있습니다. 그렇기 때문에 과르디니는 익숙한 성경의 표상들이 새롭게 통찰될 수 있도록 신앙인들을 이끌어줄 뿐만 아니라, 신앙인들의 삶이 더욱 깊이 있고 풍요롭도록 생생한 자극을 선사합니다.

차례

제1부 요한이 전하는 고별 담화의 말씀 묵상

- 005 저자와 이 책에 대하여
- 012 들어가는 말
- 014 마지막 저녁
- 028 제자들의 발을 씻겨 주시다
- 045 포도나무의 비유
- 060 그리스도의 평화
- 073 유다의 배반
- 085 하느님을 증오하다
- 099 그리스도 안에서 성부의 현현

제2부 요한이 전하는
      첫째 서간의 말씀 묵상

112 들어가는 말
114 하느님의 현현
136 세상
154 진리의 빛
170 하느님은 모든 것을 아신다
187 하느님의 사랑
205 사랑의 빛
228 하느님의 사랑과 세상의 혼란
245 사랑의 완성
261 옮긴이의 말

제1부

요한이 전하는
고별 담화의 말씀 묵상

들어가는 말

신약성경은 예수님이 지상에서의 삶을 마무리하기 전날 저녁, 마지막으로 제자들과 함께 했던 중요한 만찬에 대해서 여러 번 보도하고 있습니다. 네 복음서(마태 26,17-30; 마르 14,18-26; 루카 22,7-38; 요한 13,1-17.26)와 코린토 1서(11,17-34)에서 이 만찬을 보도합니다. 이 다섯 번의 만찬 보도는 서로 유사한 점도 있지만, 뚜렷한 차이점도 보여줍니다.

바오로 사도는 성찬례 자체를 넘어서, 이 성찬례가 내포하고 있는 종말론적 성격까지도 다룹니다(이 점에 관해서는 마태 26,26 이하를 참조). 반면에 공관복음서의 저자들은 최후의 만찬을 예수님의 마지막 삶과 연결해서 이해하며, 이 만찬을 파스카 축제와 연결해서 보도합니다. 공관복음서의 저자들이 서술하는 내용에는 성찬례를 제정하는 장면과 유다가 배반하는 이야기가 함께 등장합니다.

하지만 요한복음이 전하는 내용은 공관복음과는 다소 차이가 있습니다. 요한복음에는 성찬 제정문에 나오는 '주님을 기억하라'라는 명령이 나오지 않습니다. 다만 카파르나움에서 성찬례에 관해 약속하는 말씀이 나오는 6장에서 이 점을 간접적으로 언급하고 있습니다(요한 6,22-71). 오히려 최후의 만찬 장면에서 요한복음이 강조하는 것은 세족례와 유다의 배반 이야기입니다. 또 요한복음에만 나오는 고별 담화에서는 예수님께서 당신을 통해서, 당신의 파견과 운명을 통해서 무엇을 의식하셨는가 하는 점이 드러납니다. 요한은 영적 전문가의 시선으로 보도 전체를 기술합니다. 다시 말해서 요한은 구체적 사건과 그 사건을 거치며 갖는 영적 상태를 신적 의미와 연결시켜서, 직접적으로 경험하는 현재를 저 너머로 향하게끔 촘촘하게 엮어줍니다.

이러한 점들을 염두에 두고, 몇 가지 사건과 말씀을 좀 더 가까이에서 살펴보겠습니다.

마지막 저녁

요한복음에 나오는 본문의 말씀을 다루기 전에 먼저 세계 정신사에서 중요한 두 가지 사건을 떠올려봅시다. 이 두 사건은 겉으로 보면 요한복음이 이야기하는 것과 닮았습니다. 요한복음과 마찬가지로, 두 명의 영적 스승인 붓다와 소크라테스도 자신의 죽음을 앞둔 자리에서 제자들을 모아놓고 유언을 합니다. 이때 두 스승은 자신이 지닌 최고의 것을 제자들에게 전수해줍니다.

하지만 이 두 사건은 요한복음과 비교해보면 차이점이 분명하게 드러납니다. 이 차이점을 통해 우리는 요한복음이 말하는 고유한 점을 살펴볼 수 있습니다.

두 사건 중 하나는 복음서에서 보도하는 사건이 일어나기 전인 기원전 5세기로 거슬러 올라갑니다. 불교의 창시자인 붓다는 임종 전에 모인 제자들에게 유언을 남깁니다. 이 사건을 기록한 문헌은 이를 "붓다의 죽음에 대한 위대한 보도"라고 부릅니다.

여기서 붓다가 자신의 제자들에게 전해준 것이 참인지 거짓인지는 우리의 관심사가 아닙니다. 우리는 다만 이 이야기에서 만나게 되는 붓다의 인간적이고 정신적인 면을 다루고자 합니다. 붓다는 자신이 원한다면 무엇이든 뜻대로 할 수 있었던 인도의 귀족 신분으로 태어났습니다. 그러던 어느 날 붓다는 인간 존재의 삶이 얼마나 덧없으며 고통으로 가득 차 있는지를 깨닫게 되었습니다. 그리고 이 깨달음은 그를 송두리째 뒤흔들었으며, 문헌에서 표현하듯이 "고향을 상실"한 것처럼 집을 떠나 금욕 수행자의 삶을 살아가게 했습니다. 이 수행의 삶을 통해 그는 존재하는 모든 것은 본질적이지 않을 뿐만 아니라, 허상이며 미망이라는 체험을 하게 됩니다. 그는 이러한 체험을 통해서 어떻게 이 허상을 해소할 수 있을지 그 길을 궁리하기 시작했습니다. 이후에 그 주위에 제자들이 급속히 모여들었고, 서민들뿐만 아니라 귀족들도 그를 대단히 존경하게 되었습니다. 오랜 활동 후에 80세가 되었을 때, 자신이 걸어온 길이 끝나

죽을 때가 다가왔음을 직감한 붓다는, 자신의 가르침에 따라 내면으로부터 죽음을 맞기 시작했고 결국 허상과 고통으로부터 벗어납니다.

이제 이 스승이 자신의 제자들과 마지막을 함께 보낸 장면을 천천히 살펴봅시다. 스승 붓다는 가부좌를 튼 채 엄숙한 표정으로 굳은 자세를 취하고 있고, 제자들은 스승의 주위에 둘러서서 말없이 그의 말을 경청합니다. 스승은 그들에게 마지막 유언을 말하면서 다음과 같이 당부합니다. "너희는 다음과 같은 가르침에만 충실할 것이며, 다른 것에는 집착하지 마라! 너희는 홀로 살아갈 것이며, 너희 각자가 스스로 얻게 된 깨달음과 다짐한 결정을 따라야지, 스승의 가르침에 매이지 마라. 스승이 떠나면 결국 너희 각자는 자신의 의지력으로 모든 것을 체득하게 될 것이다. 만일 그렇지 않으면 누구도 어떤 것도…." 문헌의 보도에 의하면, 이렇게 붓다는 삶의 의지를 벗어버림으로써 임종을 맞았고, 그곳에는 고행을 하기로 결심한 몇몇 제자만 남았습니다.

두 번째 사건은 붓다가 죽은 다음 100년 후에 일어났는데, 바로 소크라테스의 생애 마지막 날에 있었던 일입니다. 플라톤의 대화편 중 〈파이돈〉은 소크라테스의 생애 마지막 날에 대해 보도해줍니다. 소크라테스는 매우 드문 유형의 사람이었습니다. 누가 소크라테스에게 그의 사상에 대해서 물으면, 자신에게는 고유한 사상이랄 것이 전혀 없다고 대답했습니다. 그렇지만 그 누구도 소크라테스만큼 사람들의 정신을 깨어 있게 만든 인물은 없었습니다. 천박하고 정치화된 사상들이 오랫동안 활개를 친 다음에도 소크라테스는 사람들을 진지하게 이끌어준 사상가였습니다. 말하자면 그는 진리가 정말로 존재하며 우리가 그 진리를 알 수 있다는 것, 그리고 '좋음 자체'(좋음의 이데아)가 존재하며 우리가 올바른 의지를 가진다면, 그 좋음을 성취할 수 있음을 깨닫도록 이끌어주었습니다. 물론 소크라테스는 이 참된 것과 좋은 것을 학교에서 가르치는 전형적인 문장 형식으로 말하지 않고, 우리 모두가 그것을 갈망하도록 일깨우고 우리의 양심이 그것에 예민하게 반응하도록 해주었습니다.

하지만 당연하게도 이 참된 것과 좋은 것을 추구하고 찾는 일은 각자의 몫으로 남습니다. 그럼에도 불구하고 통치자 집단이 그를 불쾌하게 여겼기 때문에, 소크라테스는 결국 고발당해서 유죄판결을 받아 죽을 처지에 놓였습니다.

감옥살이는 그리 힘들지 않았습니다. 그러던 중 생애 마지막 날이 왔고 소크라테스는 지인들과 함께 그 시간을 보낼 수 있었습니다. 이제 해가 지면 소크라테스는 독약을 받아 마셔야 했습니다. 그래서 그의 제자들은 아침부터 감옥에 와서 온종일 스승과 함께 시간을 보냈습니다. 소크라테스의 마지막 날은 여느 때와 다름없었습니다. 그는 제자들과 토론을 벌였고, 또 자신이 정신적으로 무엇을 추구하는지를 설명했습니다. 이와 더불어 자신이 확신을 갖고 죽음을 맞을 수 있는 이유가 무엇인지도 증언했습니다. 소크라테스에 의하면, 육체적 죽음은 오히려 본래적인 것으로 돌아가는 통로가 되며, 이 본래적인 것은 누구도 파괴할 수 없는 생명이라고 합니다. 정신은 이 생명을 진리에 대한 인식으로, 또 좋은 것을 행함으로 얻게 됩니다. 하지만 각자는 누군가의 도움 없이 스스로 이것을 수행해야 합니다. 스승이 떠난 뒤에는 누구를 따라야 하는지 제자들이 물었을 때, 소크라테스는 각자 자기 자신을 따라야 한다고 대답합니다. 다시 말해서 각자는 자신의 양심을, 자신의 성숙된 정신의 능력을 따라야 한다는 것입니다.

  스승과 제자들의 이 작은 공동체 안에는 어떤 낯선 분위기가 감돌고 있습니다. 장중한 슬픔의 분위기입니다. 스승이 떠나가기 때문입니다. 하지만 이 분위기는 이내 조용하면서도 빠르게, 놀라운 환희에 휩싸입니다. 웃음과 울음 사이를 오가고 있을 정도로 이 사건은 기묘하게 서술됩니다.

이제 세 번째 사건인 요한복음의 고별 장면으로 눈길을 돌려봅시다. 이 사건 역시 한 스승이 자신의 제자들과 마지막 날을 보내는 이야기입니다. 오랜 시간은 아니었지만, 스승과 함께 한없이 충만하게 보낸 시간이 드디어 마지막에 이르렀습니다. 바로 이 순간은 예수님이 제자들과 작별하는 순간입니다.

  예수님은 제자들과 마주하고 계십니다. 이분은 당신이 하느님에게서 왔으며 하느님이 바로 당신의 아버지라는 의식을 지니셨습니다. 예수님은 제자들이 원하는 대로 그들에게 말하지 않으셨습니다. 오히려 그분은 하느님의 아들이라는 신분에서 오는 전권을 지니시고, 스승이며 주님으로서 제자들에게 말씀하셨습니다(요한 13,13). 그분만이 홀로 알고 있으며 행할 수 있기에, 그분은 당신 자신에 관해 "나는 길이다"라고 말할 수 있었습니다. "예수님께서 그에게 말씀하셨다. '나는 길이요 진리요 생명이다. 나를 통하지 않고서는 아무도 아버지께 갈 수 없다'"(요한 14,6).

예수님은 가장 중요한 질문의 답, 곧 하느님이 어떻게 생각하시는지를 알려주십니다. 우리는 이 점을 인간의 본성으로는 전혀 알 수 없습니다. 예수님만이 이 점을 알고 계셨습니다. 요한 복음사가는 예수님이 영원으로부터 "아버지의 품에", 곧 삼위일체 공동체 안에 영원히 내재하신다고 말합니다. 이를 통해 하느님이 우리와 함께 계신다는 사실이 무엇을 의미하는지 그분께서 알려주셨습니다. "아무도 하느님을 본 적이 없다. 아버지와 가장 가까우신 외아드님, 하느님이신 그분께서 알려주셨다"(요한 1,18).

예수님은 이와 같은 말씀의 의미를 사랑이라고 부르십니다. 신약성경에서 '사랑'이라고 말할 때, 그것은 일종의 신비스러운 말에 해당됩니다. 이 사랑은 우리가 흔히 말하는 아주 친근한 감정을 의미하지 않고, 경외심을 불러일으키는 '파악될 수 없는 어떤 것'을 의미합니다. 달리 말하면 하느님께서는 당신의 영원한 심연에서 인간을 당신의 '마음' 가까이에 있도록 선택하시어, 하느님의 이 마음이 역사 안에서 예수님의 운명이 된 것입니다. 예수님의 삶은 바로 사랑이신 하느님의 말씀이 과연 무엇인지를 밝혀줍니다.

예수님은 말로 표현할 수 없는 어떤 가능성을 가지고 오셨습니다. 복음이 예수님에 관해 알려주는 첫 번째 보도는 다음과 같습니다. "때가 차서 하느님의 나라가 가까이 왔다. 회개하고 복음을 믿어라"(마르 1,15). 여기서 '나라'는 단순히 어떤 가르침이나 윤리가 아닙니다. 바로 이 나라가 '지금 여기'에 현존한다는 것을 의미합니다. 다시 말해 하느님이 정말로 우리 가까이 계시며, 숨을 쉬는 것을 비롯한 우리의 모든 행위가 하느님의 의지 안에 있다는 것입니다.

복음을 듣는 이들이 하느님 나라의 이 현존을 받아들인다면, 그 나라가 그들에게 다가오게 됩니다. 그러나 우리는 이러한 일이 어떻게 일어나는지는 말할 수 없습니다. 복음을 듣는 이들이 하느님 나라가 다가오게 한 것은 아니기 때문입니다. 하지만 후에 성령강림으로 일어난 사건은 우리에게 하느님 나라가 무엇인가를 어렴풋이 알게 해줍니다.

복음이 예수님에 관해 알려주는 세 번째 보도는 그분이 세상의 죄를 속량하셨다는 것입니다. 태초의 선조들은 하느님에게 불순종했고, 그 후에 모든 인간은 그 죄를 반복하여 짓게 됩니다. 말하자면 각자가 짓는 죄는 하느님 창조의 아름다움을 항상 수포로 돌아가게 만들어, 자신의 마음을 혼란하게 하며 정신을 흐리게 하는 어둠과 같습니다. 예수님께서는 이 모두를 당신의 것으로 짊어지고 속량하셨습니다. 당신 자신의 죽음을 통해서만 그렇게 하신 것이 아니라, 혼란스럽고 악에 물든 세상에서 우리와 함께 숨 쉬셨던 매 순간의 삶으로 그렇게 하신 것입니다. 따라서 그분의 삶 전체가 하나의 속량이었습니다. 그렇기 때문에 만일 사람들이 그분의 오심을 받아들였더라면, 모든 것이 근본적으로 구원되었을 것입니다. 하지만 "사람들은 그분을 맞아들이지 않았다"라고 요한 복음사가는 전합니다(요한 1,1-18). 결과적으로 하느님의 첫 번째 계획은 실현되지 못했습니다. "그때부터 예수께서는 당신이 반드시 예루살렘에 가시어 원로들과 수석 사제들과 율법학자들에게 많은 고난을 받고 죽임을 당하셨다가 … 한다는 것을 제자들에게 밝히기 시작하셨다"(마태 16,21).

이렇게 해서 결국 마지막 날 저녁이 찾아옵니다. 이 저녁은 그분의 짧은 생애를 마감하는 시간입니다. 제자들과 함께 있던 그분은 어떤 심정이었을까요? 제자들은 과연 무엇을 생각하고 있었을까요? 그 방 안의 분위기는 어떠했을까요?

이러한 질문들에 답하기는 쉽지 않습니다. 마음을 열고 이 구절을 읽는다면, 무엇보다도 당혹스러울 것입니다. 제자들은 지금 무슨 일이 일어나고 있는지 전혀 이해하지 못하는 상태입니다. 그들이 예수님에게 던지는 질문을 보면 이 점을 잘 알 수 있습니다. 사실 제자들이 지금 벌어지는 일을 이해하는 것은 그들의 능력을 넘어선 문제였을 것입니다. 그들이 잇달아 취한 행동들을 보면 이 점은 더욱 분명해집니다. 예수님이 잡히시자 제자들은 모두 도망쳐버립니다. 분명 이것은 그들이 예수님을 배신해서라기보다, 무슨 일이 일어났는지를 전혀 이해하지 못했기 때문에 생긴 결과일 것입니다. 근본적으로 볼 때 그들은 비겁해서가 아니라, 이 사건의 의미가 무엇인지를 알지 못했기 때문에 도망갔습니다.

그렇다면 이번에는 예수님에게로 시선을 옮겨봅시다. 여기서 우리는 예수님을 감싸고 있는 깊은 '고독'을 느끼게 됩니다. 그분은 홀로 계시며 마음도 차분합니다. 제자들 가운데 앉아 계시지만, 그분은 하느님으로 계십니다.* 따라서 예수님께서 제자들에게 말씀하실 때, 그 말씀은 그때마다 거룩한 힘으로 가득 차 있습니다. 하지만 제자들은 그분의 말씀을 이해하지 못합니다. 그 때문에 신비로 가득하면서도 두려움을 주는 고독이 예수님을 에워싸고 있습니다. 세상이 그분을 받아들이지 않아서 그분을 고독 속에 가둔 것입니다. 세상은 하느님에게 속해 있지만 그분을 받아들이지 않아서, 자신의 것을 고집하는 세상 속에 하느님이 고립되어 계십니다. "그분께서 당신 땅에 오셨지만 그분의 백성은 그분을 맞아들이지 않았다"(요한 1,11).

이제 예수님께서는 제자들에게 당신이 줄 수 있는 마지막 선물을, 유다인이라면 누구나 가지던 저녁 식사 자리에서 주려 하십니다. 이 만찬으로 우리는 생명을 유지하고 서로에게 속하는 친밀한 공동체를 이루며, 신적인 것을 만나게 됩니다. 구약성경에 따르면 모든 만찬은 희생 제물과 연결

---

* 이는 탈출 3,14에서 하느님이 모세에게 당신 이름으로 계시하신 "나는 있는 나다"를 말하는 것으로 예수님이 하느님의 신성을 지닌 분임을 의미한다.

되어 있습니다. 생명의 주인이신 하느님은 만찬을 당신 주권 앞에서 이루어지는 일종의 맹세로 받아들이셨고, 이 만찬을 통해 당신의 백성에게 음식을 선사하셨습니다. 이런 이유로, 공동체는 음식을 먹기 전에 먼저 하느님께 감사의 기도를 드렸습니다. 이때 모든 식사에서 빼놓을 수 없는 요소인 희생 제물이 특히 여기서 부각됩니다. 이 제물은 바로 파스카의 희생 제물인 어린 양입니다. 이스라엘 백성은 어린 양의 피로 이집트 종살이에서 벗어나 자유를 얻게 되었는데, 이를 기념하기 위해 매년 희생 제물로 어린 양을 바쳤습니다(탈출 12,1 이하**).

이제 예수님께서는 이 신비에 당신을 투영하십니다. 다시 말해, 그분은 내일 죽게 되지만 당신의 죽음으로 세상의 죄를 속량할 '살아 계신' 분이십니다. 그뿐만 아니라 지상에서 그분의 삶 전체가 속량이었습니다. 그분의 삶은 십자가상의 죽음에서 절정에 달합니다. 그분의 '살과 피', 곧 그분의 거룩한 생명이 바로 희생 제물이며, 그분 자신이 당신의

** "그것을 먹을 때는, 허리에 띠를 매고 발에는 신을 신고 손에는 지팡이를 쥐고, 서둘러 먹어야 한다. 이것이 주님을 위한 파스카 축제다"(탈출 12,11).

제자들에게 주는 양식입니다. 이에 대해서 마태오 복음사가는 다음과 같이 전합니다. "그들이 음식을 먹고 있을 때에 예수님께서 빵을 들고 찬미를 드리신 다음, 그것을 떼어 제자들에게 주시며 말씀하셨다. '받아 먹어라. 이는 내 몸이다.' 또 잔을 들어 감사를 드리신 다음 제자들에게 주시며 말씀하셨다. '모두 이 잔을 마셔라. 이는 죄를 용서해주려고 많은 사람을 위하여 흘리는 내 계약의 피다'"(마태 26,26-28).

이 만찬에서 일어난 일이 얼마나 엄청난 것인지를 깨닫게 된다면, 오로지 이분을 믿고 경배할 수밖에 없을 것입니다. 혹시라도 이러한 요구가 부당하다고 거부감을 느낄 사람이 있을 수도 있습니다. 하지만 무엇보다, 제자들에게 생명의 양식이 된다는 것을 예수님께서 스스로 생각할 수 있었다면, 당신이 생명과 죽음 너머에 있다는 것을 하느님처럼 아시지 않았겠습니까? 예수님께서 제자들에게 영원한 생명을 위한 양식으로 당신을 내주려고 하셨다면, 당신 안에는 그 어떤 혼란과 증오도 자리할 수 없다는 사실을 스스로 심오하게 아실 수밖에 없지 않았겠습니까? 예수님께서 생명의 힘을 품고 계시기에, 이 힘으로부터 나오는 온갖 본성적인 잣대를 능가하는 당신의 행위는 흔들리지 않는 확신으로 이루어진 것일 수밖에 없지 않겠습니까! 이것이 바로 순수한 그분의 의식이며, 그것도 전능하고 흠 없이 순수한 의식입니다.

이렇게 이 밤에 일어난 일은 단순히 스승이 제자들과 보내는 마지막 저녁이라는 의미를 넘어서, 이처럼 순수한 의식에 이르게 하는 사건입니다. 이렇게 해서 스승은 죽음을 맞게 되지만, 죽음에서 일어나 부활하십니다. 그리고 50일이 지난 뒤에는 성령께서 내려오셔서 하느님의 영이 시간 속으로 들어오게 됩니다. 이 영은 거룩한 역사를 이끌어가시며, 고독과 당혹스러움 속에서 일어난 마지막 저녁의 그 사건 안에서 살아갈 수 있도록 모든 신앙인을 이끌어주십니다.

✝ 제자들의 발을 씻겨 주시다

요한복음 13장에서는 예수님이 마지막 날 저녁에 행하신 신비스러운 행위를 다음과 같이 보도하고 있습니다. "만찬 때의 일이다. 악마가 이미 시몬 이스카리옷의 아들 유다의 마음속에 예수를 팔아넘길 생각을 불어넣었다. 예수님께서는 아버지께서 모든 것을 당신 손에 내주셨다는 것을, 또 당신이 하느님에게서 나왔다가 하느님께 돌아간다는 것을 아시고, 식탁에서 일어나시어 겉옷을 벗으시고 수건을 들어 허리에 두르셨다. 그리고 대야에 물을 부어 제자들의 발을 씻어주시고, 허리에 두르신 수건으로 닦기 시작하셨다. 그렇게 하여 예수님께서 시몬 베드로에게 이르시자 베드로가, '주님, 주님께서 제 발을 씻으시렵니까?' 하고 말하였다. 예수님께서는 '내가 하는 일을 네가 지금은 알지 못하지만 나중에는 깨닫게 될 것이다' 하고 대답하셨다. 그래도 베드로가 예수님께 '제 발은 절대로 씻지 못하십니다' 하니, 예수님께서 그에게 대답하셨다. '내가 너를 씻어주지 않으면 너는 나와 함께 아무런 몫도 나누어 받지 못한다.' 그러자 시몬 베드로가 예수님께 말하였다. '주님, 제 발만 아니라 손과 머리도 씻어주십시오.' 예수님께서 그에게 말씀하셨다. '목욕을 한 이는 온몸이 깨끗하니 발만 씻으면 된다. 너희는 깨끗하다. 그러나 다 그렇지는 않다.' 예수님께서는 이미 당신을 팔아넘길 자를 알고 계셨다. 그래서 '너희가 다 깨끗한 것은 아니다' 하고 말씀하신 것이다. 예수님께서는 제자들의 발을 씻어주신 다음, 겉옷을 입으시고 다시 식탁에 앉으셔서 그들에게 이르셨다. '내가 너희에게 한 일을 깨닫겠느냐?'"(요한 13,2-12).

마지막에 말씀하신 "내가 너희에게 한 일을 깨닫겠느냐?"라는 질문은 우리에게도 해당됩니다. '예수님께서 하신 일을 우리도 깨닫는가?'라고 묻는 것입니다.

이 물음에 우선 생각해볼 수 있는 대답은, 예수님께서 제자들의 발을 씻겨 주심으로써 이들이 제자 공동체에 속해 있음을 가르치려 하셨다는 것입니다. 이 가르침은 사람은 서로 돕는 존재이기에 제자들도 서로 도와야 한다는 점을 말해줍니다. 그렇다면 이 가르침이 당시의 어떤 상황과 연관되는지 살펴볼 필요가 있습니다. 그 당시 만찬에 초대된 사람은 그 자리에 가기 전에 몸을 씻고 말끔한 옷으로 갈아입었습니다. 하지만 맨발에 샌들을 신고 갔기 때문에, 나귀를 탈 수 없을 때는 가는 도중에 발이 금방 더러워지고 말았습니다. 이렇게 더러워진 발로 초대받은 곳에 도착하면, 오늘날처럼 식탁에 앉지 않고 비스듬히 누워 음식을 먹었기 때문에 깨끗하지 못한 발이 드러나서 그만큼 품위가 손상되었습니다. 그 때문에 초대한 주인의 집 문 앞에서, 노예가 입장하는 손님들의 발을 씻겨 주었습니다. 하지만 제자들의 공동체에는 그런 봉사를 하는 이가 없었습니다. 그래서 아마도 그들 중 한 명이 그 일을 해야 되었을 것입니다. 그렇지만 제자들 중에 아무도 그렇게 하지 않았기 때문에, 예수님은 당신을 믿는 신앙인들이 어떤 태도로 서로를 대해야 하는지를 제자들에게 보여주기 위해, 당신이 나서서 발을 씻겨 주는 일을 수행하셨습니다.

그러나 이런 설명은 예수님께서 직접 세족례를 하신 이유로 충분하지 않습니다. 그 때문에 우리는 이러한 설명이 예수님의 본래 의도가 아니라고 즉시 느끼게 됩니다. 다시 말해 예수님은 이런 실천적인 삶의 지혜를 주시려고 제자들의 발을 씻겨 주신 것이 아닙니다.

그렇다면 예수님께서 본래 의도하셨던 의미를 밝히기 위해 복음서 안으로 좀 더 깊숙이 들어가 봅시다. 추측건대 예수님의 제자 무리에서, 누가 다른 이보다 스승에게 더 가까이 있는가 하는 문제가 한 번이 아니라, 여러 번 수면 위로 떠올랐던 것 같습니다. 이것은 '하느님 나라'라는 말에서 표현된, 다가오는 새로운 질서에서 누가 더 높은 자리를 차지하느냐 하는 문제입니다.

이 같은 상황을 마태오복음에서는 다음과 같이 보도하고 있습니다. "그때에 제베대오의 두 아들의 어머니가 그 아들들과 함께 예수님께 다가와 엎드려 절하고 무엇인가 청하였다. 예수님께서 그 부인에게 '무엇을 원하느냐?' 하고 물으시자, 그 부인이 '스승님의 나라에서 저의 이 두 아들이 하나는 스승님의 오른쪽에, 하나는 왼쪽에 앉을 것이라고 말씀해주십시오' 하고 말하였다"(마태 20,20 이하). 그리고 루카복음에는 다음과 같이 나와 있습니다. "사도들 가운데에서 누구를 가장 높은 사람으로 볼 것이냐는 문제로 말다툼이 벌어졌다. 그러자 예수님께서 그들에게 이르셨다. '민족들을 지배하는 임금들은 백성 위에 군림하고, 민족들에게 권세를 부리는 자들은 자신을 은인이라고 부르게 한다. 그러나 너희는 그렇게 해서는 안 된다. 너희 가운데에서 가장 높은 사람은 가장 어린 사람처럼 되어야 하고 지도자는 섬기는 사람처럼 되어야 한다. 누가 더 높으냐? 식탁에 앉은 이냐, 아니면 시중들며 섬기는 이냐? 식탁에 앉은 이가 아니냐? 그러나 나는 섬기는 사람으로 너희 가운데에 있다'"(루카 22,24-27).

이 두 복음의 보도 내용으로 볼 때, 요한복음에서 제자들의 발을 씻겨 주신 그분의 행동은 제자들이 스스로를 높다고 여기지 않아야 하며, 어떤 존경도 요구하지 않으며, 오히려 다른 이들을 섬길 준비가 되어 있어야 한다는 가르침을 담고 있습니다. 이런 겸손에 대한 가르침이 전면에 부각되지는 않지만, 그럼에도 불구하고 그 가치를 보존하고 있습니다. 스승이 보여준 모범이 제자들에게 항상 남아 있게 하려고, 그분은 모든 사람 앞에서 무릎을 꿇고 종이기를 자청하심으로써 당신의 가르침을 행동으로 표현하셨을 것입니다. 그러나 이러한 설명도 앞선 설명보다는 심화되었지만, 아직 예수님께서 본래 의도하신 의미에는 도달하지 못한 듯합니다.

그렇다면 이제 세 번째 가능성을 살펴봅시다. 우선 이 사건에 대해 오랫동안 숙고하고 본문을 반복해서 읽는 가운데, 불현듯 분명해지는 점이 있습니다. 그것은 바로 '신비 예식'입니다. 발 씻김 사건의 전체 과정은 앞서 본 것처럼 윤리적 가르침을 각인시킬 뿐만 아니라 더 나아가 어떤 신비를 계시합니다. 바로 이 사건의 내용이 우리에게 무엇을 말해 주는가 하는 물음에 이 신비의 답이 있습니다.

사도 바오로가 필리피 신자들에게 보낸 서간에는 마치 이 행위에 대한 주석처럼 예수님에 대한 인상을 표현하는 본문이 등장합니다. 이 구절은 매우 의미심장해서 원래 그 사건을 근거로 삼아 쓰였다는 생각이 들 정도입니다. 본문은 이러합니다. "그리스도 예수님께서 지니셨던 바로 그 마음을 여러분 안에 간직하십시오. 그분께서는 하느님의 모습을 지니셨지만, 하느님과 같음을 당연한 것으로 여기지 않으시고 오히려 당신 자신을 비우시어 종의 모습을 취하시고 사람들과 같이 되셨습니다. 이렇게 여느 사람처럼 나타나 당신 자신을 낮추시어 죽음에 이르기까지, 십자가 죽음에 이르기까지 순종하셨습니다. 그러므로 하느님께서도 그분을 드높이 올리시고 모든 이름 위에 뛰어난 이름을 그분께 주셨습니다"(필리 2,5-9).

바오로는 요한과 달리 자신만의 비범한 능력으로 이 본문을 쓰면서 '하느님의 마음'으로 침투합니다. 이 구절의 의미는 다음과 같습니다. 말씀은 영원에서부터 아버지 곁에 계셨으며, 하느님의 모습으로, 곧 영원한 통치자와 동등한 아드님으로 계셨습니다. 그분은 존재하는 것을 '강도의 눈'으로 바라보지 않으셨습니다. 우리는 자기 소유를 잃어버릴까 봐 매 순간 두려워하는 반면, 그분은 우리처럼 존재하는 것을 부당하다고 보지 않으셨습니다. 왜냐하면 존재하는 모든 것은 오히려 그분에게 속하기 때문입니다. 강도가 그분에게 속한 것을 부당하게 가지려 했더라면, 그분께서는 그것을 온 힘을 다해 지키려 했을 것입니다. 한마디로 그분은 그것을 정당하게 가지셨습니다. 그분은 참으로 하느님의 아들이셨습니다. 그분께서는 이제껏 들어본 적이 없는 일을 하셨습니다. 본래 지닌 주인의 신분을 버리시고 이 세상에 내려오셔서 종의 신분을 취하시고 종이 하는 봉사를 하셨습니다. 그러자 엄청난 변혁이 일어났습니다. "그러므로 하느님께서도 그분을 드높이 올리시고 모든 이름 위에 뛰어난 이름을 그분께 주셨습니다"(필리 2,9).

그렇다면 예수님께서 제자들의 발을 씻겨 주심으로 말씀하시려는 바가 무엇이겠습니까? 그것은 겸손입니다. 더구나 이 겸손은 우리가 결코 생각지도 못하는 곳에 있습니다. 말하자면 이 겸손은 '하느님 안에 있는 겸손'입니다.

  하지만 겸손에 대해 말하기란 그리 쉽지 않습니다. 겸손을 말하기 위해서는 몰이해와 저항의 벽을 통과해야 하는데, 어느 시대든 우리는 이 장벽에 부딪힙니다. 니체는 이 장벽을 통과하지 못해, 진정으로 저항하고 분노하며 겸손에 대해 말했습니다. 니체는 그리스도교의 본질이 겸손에 있다고 보았습니다. 그에 의하면 겸손은 자기 자신이 빈약하여 덕을 행할 수밖에 없는 나약한 이들, 불리한 자들, 노예들의 태도입니다. 반면에 진정한 인간 존재는 의기양양합니다. 니체에 의하면 진정한 귀족은 누구에게도 허리를 굽히지 않는 주인의 신분으로 자신을 드러냅니다. 그러나 그리스도교는 이러한 가치관을 변질시키고, 삶을 빈곤함에서 규정한다고 보았습니다.

실제로 니체가 말한 것처럼 느끼는 사람이 많습니다. 그러나 이들은 '참된 겸손'을 이해하지 못한 사람입니다. 사실 그리스도교의 현실에서 겸손이 부당하게 왜곡되어 서술된 경우가 얼마나 많은지 보지 못한다면, 니체가 옳았다고 느낄지도 모릅니다.

그렇다면 무엇이 진정한 겸손입니까? 그것은 힘의 덕입니다. 강한 사람만이 참으로 겸손할 수 있습니다. 진정으로 강한 사람은 강요받지 않고 자유롭게 섬기며 자기보다 나약하고 보잘것없는 이 앞에서 고개를 숙임으로써 자유로워집니다. 하지만 이러한 겸손은 결코 인간에게서 생겨나지 않고 하느님에게서 생겨납니다. 맨 처음 겸손을 보이신 분은 바로 하느님이십니다. 이분은 너무 크셔서 그 어떤 힘에게도 해를 입을 수 없기에 겸손하실 수 있습니다. 다시 말해 위대함은 하느님의 본질이지만, 그분은 당신의 위대함을 겸손으로 낮추실 수 있으십니다.

여기서 한번 깊이 생각해봅시다. 하느님은 언제 처음으로 겸손을 드러내셨을까요? 바로 세상을 창조하셨을 때입니다. 흔히 우리는 하느님의 창조 행위에서 그분의 권능과 자비를 봅니다. 하느님께서 창조하신 세상은 인간이 파악할 수 없을 정도로 참으로 크고 풍부하며 놀랍습니다. 그러기에 하느님의 위대함을 언제나 드높이 고양시킬 수 있습니다. 그러나 세상이 유한하게 존재한다는 점을 생각해보면, 당신보다 더 작은 것을 창조하시는 일이 과연 그분에게 가치 있는지 물을 수 있겠습니다.

하지만 이런 식으로 말하는 것은 확실히 어리석습니다. 그러나 많은 경우에 어리석은 생각은 현명한 것을 분명하게 드러내는 데 도움을 줍니다. 하느님의 창조물은 당연히 유한한 것뿐입니다. 무한한 것을 창조하면 창조주 자신이 되기 때문입니다. 그렇다면 도대체 왜 그분은 유한한 것을 창조하셨을까요? 이 물음을 살펴보기 위해 우리 인간 존재로 돌아와 봅시다. 우리는 자신의 본래 모습을 잃어버렸기 때문에, 그분이 우리를 현실에 존재하게 하셨다는 사실을 당연한 듯 여기게 되었습니다. 그러나 우리가 이렇게 이 세상에 있다는 사실에 놀라워하며 그분께 진정으로 감사를 드릴 만한 가치가 있다고 확신한다면, 우리 현존재(現存在: 자신을 인간으로 이해하는 주체로서의 존재자)는 그분이 우리를 내신 모습과 근본적으로 다르게 존재할 수는 없습니다. 단순하게 생각하면 인간의 '현존재'가 얼핏 '하느님과 이 세상'에서 형성되는 것으로 보이지만, 좀 더 고심해서 말하자면, 그것은 '인간과 세상'에서 형성된다고 할 수 있습니다. 그러나 더욱 깊이 숙고해보면, 우리의 현존재에게 하느님은 여전히 이 세상의 근거로 남아 계신다고 할 수 있습니다. 그렇기 때문에 인간을 현존재라고 표현하는 것은, 자신이 첫 번째로 창조된 존재라고 우쭐대면서도 하느님에 대해서는 기껏해야 '하느님의 문제'라고밖에 말하지 못하는 인간이 만들어낸 정식에 불과합니다. 이렇게 본다면, 사실은 하느님이야말로 아무런 문제 없이 참으로 자명한 분이시며, 오히려 인간이 문제투성이입니다. 하느님께서 계시기에 '모든 것'이 '거기' 자기 자리에 존재할 수 있습니다.

하느님께서는 스스로 '충분하십니다.' 모든 것도 그렇습니다. 그분께서 존재하시기에 그 무엇도 '부족하지' 않습니다. 그렇다면 그분은 당신의 지배 아래에 있는 것을 왜 창조하셨을까요? 하지만 여기서, 그분께서 선하시기에 보잘것없는 것이 존재하도록 의도하셨다는 교의적인 대답에 너무 성급하게 다다르지 말도록 합시다. 자칫하면 우리가 이 대답의 의미를 너무 편협하게 받아들인 나머지, 존재하는 모든 것이 마치 우리의 현존재를 위해 있는 것처럼 왜곡해서 이해할 수 있습니다. 그분이 창조하셨다는 사실은, 그분이 "거기 있어라" 하고 말씀하심으로써, 모든 것을 당신 밖으로 내놓아서 단순히 있게 하는 것만을 의미하지 않습니다. 오히려 당신이 창조하여 존재하게 한 모든 것 안에 당신의 사유를, 곧 당신의 힘을 불어넣으셨다는 점이 중요합니다. 창조 작업을 완성하신 후에 당신이 창조한 모든 것을 굽어보시고 "참 좋았다"(창세 1,31)라고 평가하시며 분명히 말씀하시듯이, 그분은 유한한 것도 존재할 만한 가치가 있음을 보증하십니다. 그렇다면 하느님께서는 어떻게 이러실 수 있을까요?

세족례를 보도하는 요한복음의 구절에서 '하느님의 겸손'은 신비로 가득 차 있으며, 아직 드러나지 않아 어둠 속에 묻혀 있는 것처럼 보입니다. 이런 이유 때문에, 예수님께서는 우리에게 진심으로 물으십니다. "내가 너희에게 한 일을 깨닫겠느냐?"(요한 13,12). 하지만 우리는 다음과 같이 대답할 수밖에 없습니다. "아니요, 주님. 저희는 이해하지 못하겠습니다."

예수님께서 제자들의 발을 씻겨 주신 것은 하느님께서 우리에게 어떤 마음을 지니셨는지를 보여줍니다. 하느님은 위대하시고, 한없이 거룩한 생명으로 가득 차 계시며, 그토록 강한 주님으로 존재하는 분이시기에, 당신 영예 중 어떤 것도 손상하지 않은 채 유한한 세상을 창조하실 수 있었습니다. 그렇다면 여기서 이 모든 것이 좋은 상태로 있기 위해서 무엇이 필요한지 물을 수 있겠습니다. 그 대답은 '하느님께서 계시다'라는 것입니다. 하느님께서 계신다는 이 사실만 중요하며, 그것으로 충분합니다. 그런데도 하느님께서는 세상이 있기를 원하셨습니다. 그것은 세상이 그분에게 중요하며, 이 세상이 그분에게 언젠가 반드시 깊이 연관되어야 한다는 것 ― 우리는 그리스도를 생각하게 된다 ― 을 의미합니다. 그 때문에 그분에게는 세상이 있다는 것만으로는 충분하지 않았습니다. 그래서 그분은 유한한 존재를 창조하신 후에, 이 존재가 유한한 자유를 갖도록 원하셨습니다. 그러나 이 자유는 당신의 자유처럼 절대적 거룩함으로 보증되지 않고, 악에 노출되어 있습니다. 악에 처한 인간이 자신의 자유로 과연 무엇을 했겠습니까! 무엇보다 하느님은 당신이 행하신 창조에 아주 가까이 계십니다.

심지어 그분은 악하게 될 가능성에 놓인 유한성으로 들어가 사람이 되시어, 당신 피조물의 죄를 짊어지실 정도로 가까이 계십니다. 그분은 볼품없이 떠돌아다니는 순회 설교자와 같은 모습으로, 알려지지 않은 아주 작은 땅에 불과한 팔레스티나에 오셨습니다.

위대하실 뿐 아니라 우리 이성의 능력에 기반을 둔 모든 척도를 깨부수시는 분이 바로 우리가 믿는 하느님이십니다. 이 하느님을 우리가 온전히 이해하기란 불가능합니다. 우리는 행위를 통해 일어나는 사건에서 하느님을 이해하지만, 사실 하느님께서는 그 사건의 배후에 계시기 때문입니다. 여기서 '가치가 완전히 뒤바뀌는' 일이 일어납니다. 이는 의기양양한 우리의 자부심이 초라하게 드러남을 의미합니다. 권력과 독창성에 대한 인간의 대단한 자부심이 하느님의 눈앞에서는 초라하기 짝이 없게 됩니다. 그래서 그분은 우리에게 다음과 같이 물으신 것입니다. "너희는 이 일을 깨닫겠느냐?"

우리는 이 물음을 이해해야 합니다. 그렇지 않으면 그리스도교가 진정 무엇인지 알지 못하는 것입니다. 일상적으로 쓰는 말 가운데 '겸손'에 해당하는 말이 없는 듯한 것은 우연이 아닙니다. 그렇기 때문에 '하느님이 지니신 마음가짐'이라는 그 말의 참된 의미가 그리스도 안에서 먼저 드러나야 합니다. 그런 다음에 이 말의 참뜻이 구체적으로 표현될 수 있는 말로 드러날 것입니다. 이 말은 우선 보잘것없는 것을 의미하는데, 그리스어로는 '겸손한 마음가짐', 독일어로는 '기꺼이 도와주려는 마음'을 의미합니다. 우리가 이 마음을 더 이상 믿지 않을 때, 그 즉시 우리는 이 마음을 볼 수 없게 됩니다.

우리가 이 사실을 깊이 숙고할 때에야 하느님께서 얼마나 모든 것을 심사숙고하여 헤아리시는지 분명해집니다. 모든 것은 하느님의 이 헤아리시는 마음에 달려 있습니다. 하지만 우리가 그분에 대해 생각할 때, 대개 모든 위대함을 넘어서 있으며 영광 속에서 왕좌에 앉아 계신 분으로 생각합니다. 마찬가지로 예수님에 대해서도 그런 식으로 생각합니다. 그분도 당신에 대해 어떻게 말할지 강조해서 말씀하십니다. "너희가 나를 '스승님', 또 '주님' 하고 부르는데, 그렇게 하는 것이 옳다. 나는 사실 그러하다"(요한 13,13). 이는 그분이 영원하신 성부의 아들이시기 때문입니다. 그분은 "하늘과 땅의 모든 권한을 받은"(마태 28,18) 분으로서 무엇이든 잘 알고 계시며, 어떤 것에도 흔들리지 않으십니다. 따라서 그분 안에는 나약함도 두려움도 없습니다. 반면 '주님'으로 불리는 하느님 안에는 우리가 '겸손'이라는 말 말고는 다른 어떤 말로도 표현하지 못하는 하느님 마음에 대한 비밀도 숨겨져 있습니다.

이 하느님의 마음 안에 있는 겸손은 신비로 가득 찬 예수님의 행위에서 드러나며, "너는 이것을 이해하느냐" 또는 "너는 교만에 가득 차 있지 않느냐"라고 우리에게 묻습니다. 우리가 육체의 교만, 정신의 교만, 권력의 교만에 빠져 있는지 묻는 것입니다. 만일 이런 교만에 빠져 있다면, 하느님이 어떤 분이신지 이해하지 못하게 됩니다. 이는 결국 우리가 전혀 아무것도 알지 못한다는 뜻입니다. 우리는 알지 못하는 것을 배워야 합니다. 우리에게 오신 분이 맨 처음에 "회개하라", 곧 "다르게 생각하는 법을 배워라" 하고 호소하셨기 때문입니다. 결국 이 말씀은 하느님과 같은 마음을 우리도 지닐 수 있다는 점을 '사려 깊게 숙고하라'는 뜻입니다. 이러한 하느님의 마음으로 예수님은 다음과 같이 분명하게 말씀하십니다. "나는 마음이 온유하고 겸손하니 내 멍에를 메고 나에게 배워라"(마태 11,29).

그렇다면 우리는 자신 안에 무성하게 자란 덤불에 다가가서, 불손한 것과 왜곡된 것과 초라한 것을 뿌리째 뽑아버려야 합니다. 떡하니 버티고 서 있지만 사실 거짓으로 꾸며진 오만함을 치워버려야 합니다. 이는 겸손이라는 진리를 배우기 시작하며 이루어집니다. 당신 제자들의 발을 씻겨주신 '그리스도 예수님께서 지니신 그 마음과 같은 마음을 지니라'(필리 2,5 참조)고 바오로 사도가 촉구했을 때 의미한, 바로 그 겸손으로 하느님께서 우리를 강하게 이끌어주십니다.

포도나무의 비유

요한복음 이전에 쓰인 마태오, 마르코, 루카복음은 대체로 예수님의 생애에서 실제 일어났던 사건과 이와 연결된 말씀을 보도합니다. 이 복음사가들이 예수님께서 말씀하셨을 법한 중요한 점 가운데 빠트린 것도 있었지만, 사건을 서술했던 당시에는 그렇게 생각하지 않았습니다. 이와 대조적으로 요한복음은 예수님이 떠나신 후, 오랜 간격을 두고 약 60년 뒤에 서술됩니다. 이 시간 동안 요한은 복음을 선포하고 되새기면서 자기 스승의 삶과 가르침을 뒤따랐으며 다른 복음들에서는 아직 분명하지 않았던 심오한 통찰을 담아냅니다. 이렇게 해서 요한복음은 다른 복음들에서는 언급되지 않은 많은 점을 보도했는데, 이른바 고별 담화(13-16장)라고 불리는 부분도 여기에 속합니다. 이 고별 담화를 통해 예수님의 의식 중 가장 내밀하고 매우 심오한 부분이 언어로 표현됩니다.

15장에서 예수님은 다음과 같이 말씀하십니다. "나는 포도나무요 너희는 가지다. 내 안에 머무르고 나도 그 안에 머무르는 사람은 많은 열매를 맺는다. 너희는 나 없이 아무것도 하지 못한다. 내 안에 머무르지 않으면 잘린 가지처럼 밖에 던져져 말라버린다. 그러면 사람들이 그런 가지들을 모아 불에 던져 태워버린다. 너희가 내 안에 머무르고 내 말이 너희 안에 머무르면, 너희가 원하는 것은 무엇이든지 청하여라. 너희에게 그대로 이루어질 것이다"(요한 15,5-7).

우리는 감동적인 이 비유의 의미를 묻게 됩니다. 이 비유는 그리스도와 제자들의 관계를 드러내 보입니다. 그분은 제자들을 선택하여 파견하시기 위해 그들과 공동체를 이루어 생활하셨습니다. 그렇기 때문에 제자들은 그분과 친밀한 관계를 유지해야 합니다. 이제 다음과 같은 사실에서 이 관계를 좀 더 가까이서 들여다볼 수 있습니다. 우선 제자들은 그분의 말씀을 기억하여 그것을 꾸준히 심화시키고, 그분의 명을 지키며 그 의미를 이해했습니다. 그리하여 그분은 제자들의 정신적 생명의 인도자로 그들 곁에 계신다는 것입니다. 이러한 해석은 분명히 옳습니다. 그러나 이것이

전부일까요? 오히려 비유에 담긴 호소력에서 이 비유가 더 깊은 의미를 품고 있다고 추정할 수 있습니다. "내 안에 머무르고 나도 그 안에 머무른다"라는 말씀은 소크라테스가 자신의 제자들에게 말한 것보다 더 많은 것을 말해줍니다. 그렇다면 이 '더 많은 것'은 무엇을 의미하겠습니까?

요한의 첫째 서간에서 우리는 "우리가 죄 없다고 말한다면"이라는 문장을 읽게 됩니다. 이것은 당시 영지주의자들의 가르침으로, 그들이 추구하는 것이 어떤 단계를 넘어선 곳에 도달하게 된다면 그 즉시 선과 악을 넘어서게 된다는 것입니다. 이 문장 다음에 이어지는 구절은 다음과 같습니다. "우리는 자신을 속이는 것이고 우리 안에 진리가 없는 것입니다"(1요한 1,8). 여기서 진리가 우리 안에 없다는 것은 무엇을 의미합니까? 다시 말하자면 우리가 이성적인 방식으로 말했다면, 그것을 본래 의미대로 올바로 표현했느냐는 것입니다. 곧 우리가 이성적인 것을 주장했다 하더라도, 우리는 그것이 무엇에 관련되는지 이해하지 못하고 잘못 파악하고 있지는 않은가 하는 문제입니다. 하지만 요한은 이성으로 파악 가능한 의미 너머의 것을 말합니다. 그가 말하듯이, "그렇다면 진리는 우리 안에 없습니다."

우리는 요한의 첫째 서간에서 다음과 같은 문장을 듣게 됩니다. "누구든지 세상 재물을 가지고 있으면서도 자기 형제가 궁핍한 것을 보고 그에게 마음을 닫아버리면, 하느님 사랑이 어떻게 그 사람 안에 머무를 수 있겠습니까?"(1요한 3,17). 이 말씀은 앞서 요한복음의 구절과 동일한 어조입니다. 우리는 이 말씀을 다음과 같이 설명할 수 있습니다. '사랑이 없는 이는 사랑이 무엇인지 알지 못합니다.' 그러나 요한은 이런 설명으로 만족하지 못합니다. 그는 다음과 같이 말합니다. "사랑이 그 사람 안에 머무르지 못합니다." 앞서 그는 "진리는 우리 안에 없습니다"라고 말했고, 이제 "사랑은 그 안에 머무르지 못합니다"라고 말합니다. 이성주의자는 이러한 문장에서 개념들을 구체화하는 플라톤주의를 떠올립니다. 그러나 요한은 이에 대해서 다음과 같이 응답할 것 같습니다. '당신은 경험이 전혀 없구려. 나에게는 이성주의자들처럼 심리적 의미에 따라 단순히 통찰과 사랑을 지녔느냐 아니냐 하는 것뿐 아니라, 그 사람 안에 진정으로 진리와 사랑이 있느냐 없느냐 하는 것이 더 중요하다오. 진리와 사랑은 생각한 것과 표현한 것일 뿐만 아니라, 하느님에게서 나와 그분을 믿는 사람들 안에 머무르고 활동하는 살아 있는 능력이기도 하단 말이오.' 이러한 해석은 비유의 의미에 가까이 다가가게 합니다.

필리피 신자들에게 보낸 서간에서 바오로는 다음과 같이 말합니다. "그리스도 예수님께서 이미 나를 당신 것으로 차지하셨습니다." 그 때문에 "내가 그분 안에 있으려는 것입니다"(필리 3,12.9). 이처럼 말씀은 다시금 심오한 어조로 우리를 불러일으킵니다. 우리는 무의식적으로 말씀을 이성적 또는 심리적으로 이해하려고 합니다. 그러나 바오로 사도는 달리 생각하는데 그 의미는 다음과 같습니다. '나는 그리스도에게서 뜨거운 감동을 받은 나머지, 그분에게 꼼짝없이 사로잡혀 버렸습니다. 그분은 나를 영적으로 끌어안아 주셨습니다. 이제 그분의 모습과 그분의 말씀으로 나의 내적인 삶이 결정됩니다.' 하지만 이러한 설명도 부족할뿐더러 극히 빈약해 보입니다. 우리는 위의 문장을 읽을 때 예루살렘에서 다마스쿠스로 향하는 바오로의 여정을 설명하는 사도행전의 구절을 염두에 두어야 합니다. 그리스도께서는 바오로 앞에 변모된 모습으로 나타나셨는데, 그분의 말씀은 새로운 공동체를 박해하는 바오로를 바닥에 엎어지게 했습니다. 바오로는 그 충격으로 앞을 못 보게 되어 3일 동안 먹지도 마시지도 않고 앉아서 침묵했습니다. 그런 다음 그는 일어나서 전혀 다른 사람이 되었습니다(사도 9,3-22). 이렇게 바오로가 여행 중에 겪었던 사건을 염두에 둔다면, 앞의 설명은 전혀 다른 현실적인 무게를 얻게 됩니다.

여기서 언급된 성경 본문들을 통해 — 그리고 그 외에 다른 본문들도 언급될 수 있겠습니다 — 포도나무 비유의 의미에 좀 더 가까이 다가가게 됩니다. 성경의 어떤 구절도 그 구절만으로는 결코 온전히 설명되지 않습니다. 그 구절이 위치한 전체 맥락에서 의미가 어떻게 확장되는지 봐야 합니다. 우리는 신약성경의 본문들을, 그 본문들이 알려주는 당시의 현실과 비교하고 또한 공생활 동안 예수님이 하신 말씀의 충만함과 비교합니다. 물론 예수님은 당신의 고유한 신인神人 존재와 행위 그리고 운명에 대해 결코 말씀하지 않으셨지만, 이렇게 비교하는 가운데 성경 본문들은 말씀의 배후에 놓인, 아득히 먼 곳에서부터 온 섬광과 같이 항상 번쩍입니다. 한 가지 예로, 루카복음 5장의 한 구절을 들 수 있습니다. 이 구절은 예수님이 배를 뭍에서 조금 저어 나가게 하시고는, "배에 앉으시어 군중을 가르치셨다"(루카 5,3)라고 보도합니다. 하지만 그분이 거기서 무엇을 가르치셨는지에 대해서는 어떤 언급도 하지 않습니다. 성경에서는 항상 이런 식의 패턴을 보여줍니다. 사실 성경의 말씀 그 배후에는 엄청난 것이 놓여 있습니다. 하지만 표면적으로 보면, 때로는 말씀이, 때로는 동작에 대한 묘사만 등장할 뿐입니다. 그렇기 때문에 우리는 이러한 말씀들을 본래 진리 안에 있었던 정도 만큼 알아들을 수는 없습니다.

요한이 첫째 서간에서 "누구든지 그분의 말씀을 지키면"이라고 한 말은 그리스도의 명을 행한다는 뜻입니다. 그리고 "그것으로 우리는 그분 안에 있음을 알게 됩니다"(1요한 2,5)라고 한 말은, 우리가 그분을 생각하고 그분과 연결되어 있음을 느낀다는 의미뿐 아니라, "우리가 그분 안에 있음"도 의미합니다. 더 나아가서 요한이 "우리가 서로 사랑하면, 하느님께서 우리 안에 머무르십니다"(1요한 4,12)라고 말할 때, 이는 개념상 지속적인 신뢰나 심리적인 영향을 의미할 뿐만 아니라 실제로 '그분이 우리와 함께하신다'는 뜻입니다.

이렇게 하느님께서 실제로 우리와 함께하신다는 사실은

요한에서뿐만 아니라 바오로 서간에서도 언급됩니다. 코린토 2서에서는 다음과 같이 말합니다. "누구든지 그리스도 안에 있으면 그는 새로운 피조물입니다"(2코린 5,17). 이는 하느님의 정신이 그 사람에게서 활동한다는 말입니다. 여기서 일어나고 있는 것은 어떤 생각이나 가르침, 마음뿐 아니라 실재이기도 합니다. 이 점이 갈라티아서에서는 다음과 같은 강렬한 문장으로 표현됩니다. "이제는 내가 사는 것이 아니라 그리스도께서 내 안에 사시는 것입니다"(갈라 2,20). 이 말씀은 그분의 힘에 사로잡혀서, 그 힘에 의해 실제로 새롭게 변화된다는 것을 분명하게 나타냅니다.

바오로 사도에게서도 포도나무의 비유에 상응하는 내용이 발견되는데, 특히 '그리스도의 신비적 몸'에 대한 가르침에서 그렇습니다. 이에 대해서는 이후에 더 많은 상응점을 살펴볼 것입니다.

그리스도와 그분을 믿는 사람 사이의 관계는 신앙인이 그리스도에 대해 생각하고, 그분의 모습에 이끌리며, 그분에게 귀를 기울이는 것보다 더 많은 것을 의미합니다. 이러한 관계는 그분께서 정말로 함께하신다는 것을 뜻합니다.

이제 예수님이 마지막 날 저녁에 만찬을 거행하셨고, 카파르나움에서 그 의미에 대해 다음과 같이 말씀하셨다는 것을 떠올려봅시다. "나는 하늘에서 내려온 살아 있는 빵이다. 누구든지 이 빵을 먹으면 영원히 살 것이다. 내가 줄 빵은 세상에 생명을 주는 나의 살이다. … 내 살을 먹고 내 피를 마시는 사람은 내 안에 머무르고, 나도 그 사람 안에 머무른다"(요한 6,51.56).

이 구절은, 그리스도께서 마지막 날 저녁에 당신의 제자들에게 보통의 스승과 지도자가 할 수 있는 모든 것을 넘어서는 방식으로 당신을 주셨다는 것을 의미합니다. 신비와 비밀 예식의 형태로 그분은 당신을 주셨으며, 이것을 항상 새롭게 행하실 것입니다. 그분은 만찬을 거행하시며 믿는 이들에게 음식이라는 신비한 형상으로 당신을 내주십니다. 그분은 이 음식 안에 살아 계시며 음식의 형태 안에 담긴 내적 신비로서 당신의 생명을 살아 있게 하십니다. 그렇다면 우리는 이 점을 어떻게 생각해야 할까요?

전체적인 면에서 살펴볼 때, 인간은 밖에서부터 자신의 내면을 향해 자기 존재가 형성되는 것이 아니라, 오히려 자신의 내면에서부터 밖을 향해 자기 존재가 형성된다고 말하는 것이 옳을 듯합니다. 그러나 이 '내면'은 여러 겹의 형태로 이루어져 있습니다.* 여기에는 여러 종류의 내면성이 있습니다. 육체의 성장은 육체 기관의 내면성에 의해 이루어집니다. 그리고 감정은 심리적 내면성에 따라 움직입니다. 그 안에서 사유하게 하는, 진리를 경험하게 하는 정신적 내면성이 있으며, 윤리적 결정을 단행하는 인격의 내면성도 있습니다.

나아가 바오로가 말하는 것처럼, 더 깊은 내면의 영역, 곧 영적 또는 성령의 영역이 있습니다. 이곳이 그리스도께서 믿는 이들 안에 살아 계신 영역입니다. 이 영역이 인간의 본성에서 저절로 생겨난 것이 아닙니다. 그리스도께서 세례와 믿음을 통해 새로운 탄생의 신비로 이 영역을 만드셨습니다. 그분 스스로 인간의 이 영역 안으로 들어오시어, 심리학에서 말하는 것보다 더 깊이 그 사람의 내면이 되십니다. 만일 신앙과 신뢰가 사라진다면, 이러한 내면성도 사

---

* 물론 이 '겹'이라는 개념은 비유적인 표현일 뿐입니다. 사실 이 겹이라는 단계는 동일한 영역에서 '더 높거나' '더 깊은' 어떤 것과 연관되지 않고, 그때마다 다른 생명과 질서와 관련됩니다. 일반적으로 비유적인 개념은 다루기가 쉽기 때문에 도움을 줄 수 있습니다.

라지며, 그 결과 어떤 생명의 영역을 상실하여 그리스도의 복음을 결코 이해하지 못하는 인간이 되고 맙니다.

이러한 인간의 내면성에서 포도나무의 비유가 드러나며, 성찬의 복음이 말하는 의미가 생생하게 살아납니다. 그것은 그리스도께서 인간 안에 살아 계시다는 의미입니다.

하지만 그리스도께서 어떻게 내 안에 계실 수 있겠습니까? 우선 그분은 어디에나 계시며 모든 것을 꿰뚫어 들어가시듯 내 안을 꿰뚫고 들어오시기 때문에, 나는 하느님께서 내 안에 계심을 알게 됩니다. 나아가 그분은 나를 창조하셨습니다. 그러나 이 '하셨다'라는 과거형은 우리 입장에서 보았을 때 그렇습니다. 본래 그분은 지금 이 순간에도 나를 여전히 창조하고 계십니다. 말하자면 그분의 손길이 나를 무無로부터 빼내어 붙들고 계신 것입니다. 내가 만일 내 존재의 한계 끝에 도달할 수 있다면, 그분의 손길을 느낄 것입니다. 그분은 나에게 창조적으로 부르는 호칭인 "너"라고 말씀하시어, 있는 그대로 '나'로서의 나를 인격적 존재가 되도록 붙들고 계십니다. 달리 말해 성경의 계시에서 표현하듯이, 그분은 나를 사랑하시며 당신 은총으로 나를 당신의 자녀로 만드십니다.

　이것은 분명히 마음속을 파고드는 신비입니다. 이렇듯 하느님은 내 안에 계십니다. 그렇다면 인간이 되신 그리스도께서는 어떠합니까? 그분이 어떻게 내 안에 계실 수 있습니까? 그분은 부활했기 때문에 영이 된 분이십니다. 바오로가 말하듯이, "주님은", 곧 그리스도는 "영pneuma이십니다"(2코린 3,17). 세례와 신앙을 통해 그분은 내 안에 태어나셨고 나도 그분 안에 태어났습니다. 더 이상 무슨 말이 필요할까요? 하물며 그리스도께서 이 탄생을 약속하셨고, 그분의 제자들도 이 탄생을 경험하고 이것을 보증까지 했는데 말입니다. 이 탄생은 신비여서, 인간의 이성으로는 이 신비를 풀지 못합니다. 그러나 우리는 그분을 잘 알게 되었습니다. 우리는 그분 안에서 숨 쉴 수 있고, 그것을 이해하고 그분 안에서야 비로소 우리가 누구인지를 알게 되는 그런 시기에 살고 있기 때문입니다. 요한은 자신의 첫째 서간에서 다음과 같이 말합니다. "사랑하는 여러분, 이제 우리는 하느님의 자녀입니다. 우리가 어떻게 될지는 아직 드러나지 않았지만, 그분께서 나타나시면 우리도 그분처럼 되리라는 것은 알고 있습니다. 그분을 있는 그대로 뵙게 될 것이기 때문입니다"(1요한 3,2).

비유의 의미는 여기서 그치지 않습니다. 비유는 이러한 내면적 신비가 개별 인간, 특히 훌륭한 신앙인에게 열려 있을 뿐만 아니라, 모든 사람에게 열려 있음을 보여줍니다. 그리스도께서 그 안에 살아 계시며 통치하시는, 하느님의 그 심오함이 모든 사람에게 침투하는 것입니다. 포도나무 전체에서 가지들이 자라듯, 하느님의 심오함에서 신앙인 각자의 생명이 성장합니다. 바오로는 고대 사회 이론이 전수해준, 다른 비유를 말하고 있습니다. 이 비유에 의하면, 하느님은 수많은 신앙인을 통해 움직이시며, 그들 존재의 가장 깊은 내면에 뻗어 있는 그리스도의 생명은 신비에 가득 찬 단일성을 형성합니다. 이는 한 몸이 지니는 단일성과 동일합니다. 이 단일성에 많은 지체가 속하지만, 이 지체들은 개별적입니다.

거룩한 포도나무, 신비로운 그리스도의 몸의 단일성은 교회입니다. 그리스도는 교회의 깊은 내면을 지배하십니다. 포도나무로부터 덩굴이 자라 나오고, 몸으로부터 지체가 자라 나오듯, 교회에서 신앙인 각자가 자라게 됩니다.

계시에 대해 깊이 숙고한 사유들을 떠올릴 필요가 있습

니다. 이러한 사유로 우리는 그리스도교의 자의식을 갖게 됩니다. 이는, 분명 모든 면에서 부족하고 쉽게 좌절하는 보잘것없는 피조물에 불과한 내 안에, 하느님 생명의 신비가 깃들어 있음을 말해줍니다.

우리가 이 신비를 보려면 내적 멈춤의 순간이 필요합니다. 오늘날 사람들은 하느님과 그분의 신비를 마치 어떤 예언자가 번개를 일으키는 것에 불과하다는 식으로 격하시켜 말하곤 합니다. 하지만 우리는 주님께서 당신의 죽음이 임박한 시간에 하셨던 말씀으로만 그분의 신비를 숙고할 수 있습니다. "저들은 자기들이 무슨 일을 하는지 모릅니다"(루카 23,34). 속임수에는 속임수로, 비방에는 비방으로, 파괴에는 파괴로, 이런 식의 생각들은 내면의 공허를 메우기 위해 일어나는 것입니다. 인간의 내면에서 무엇이 나오게 될지는 예견할 수 없습니다. 심리학자들에 의하면, 생명 유지에 본질적으로 필요한 것이 충분하지 못하면, 인간은 아프게 된다고 합니다. 그렇다면 인간 안에 그리스도의 내면성이 파괴된다면 어떤 병을 앓게 될까요?

믿는 이들은 그들이 받은 신비와 더욱 깊이 결합되어야 합니다. 매일 바치는 주님의 기도로는 충분하지 않습니다.

주일에는 교회에 가지만 그 외에는 믿지 않는 사람처럼 사는 것으로는 충분하지 않습니다. 우리는 우리 안에 있는 이러한 심오함을 인식하고 거기에 머물러야 합니다. 그 내면성은 사랑으로 보호받지 못하면 메말라버립니다. 그 때문에 우리의 가장 깊은 내면에 살아 있는 것이 메마르지 않도록 해야 합니다.

그리스도의 평화

요한복음 14장에서 예수님은 다음과 같이 말씀하십니다. "나는 너희에게 평화를 남기고 간다. 내 평화를 너희에게 준다. 내가 주는 평화는 세상이 주는 평화와 같지 않다"(요한 14,27).

예수님은 당신의 완전한 주권으로, 동시에 깊은 내면성으로 말씀하십니다. 이제 그분의 말씀에서 몇 가지 점을 이해해봅시다.

'평화'란 무엇일까요?

우선 평화의 의미는 평화가 아닌 것이 무엇인지를 물어봄으로써 더 잘 알 수 있습니다. 악이 선보다 더 눈에 띄는 것은 파괴되는 것이 건설되는 것보다 더 두드러지기 때문입니다. 그렇다면 평화가 아닌 것은 무엇이겠습니까?

모든 인간은 자기만의 고유한 본질을 지닌, '자기 자신'으로 존재합니다. 다른 한편 우리는 분명히 다른 사람들과 닮은 점도 있는데, 때로 닮은 점이 여럿이기도 하고, 때로는 그중에서 닮은 점이 유난히 많이 있기도 합니다. 그럼에도 모든 인간은 근본적으로 자신만의 고유한 본질을 지닙니다. 바로 이 본질로부터 우리 현존재의 다양성과 풍요로움이 성장합니다. 각각의 인간은 자신의 본질을 기꺼이 말할 수도, 생각할 수도 있으며, 그것을 본능적으로 알기도 합니다. 그렇게 내가 존재하듯이 나의 본질은 확실하지만, 본질이 아닌 다른 종류의 것은 그때마다 변화되기 때문에 불확실합니다. 인간은 자신의 방식대로 느낍니다. 세상은 우리 각자의 마음 안에서 메아리처럼 다시 반향됩니다.

따라서 각자가 세상을 보고 체험하는 대로 그렇게 세상이 존재한다고 감히 말할 수 있겠습니다. 자신이 보고 체험한 세상이 비로소 본래의 세상이기 때문입니다. 사실 자신이 경험하지 않은 세상에 대해서는 아무것도 알지 못합니다. 만일 영원으로부터 울려 나오는 소리를 우리가 발붙이고 있는 땅에서 귀 기울여 들을 수 있다면, 인간의 마음 안에서 창조된 사물들이 울리는 반향이 그토록 다양할 수 있는지 놀랄 것입니다. 이렇게 영원에서 울려오는 사물들의 다양한 반향은 좋지만 '인간' 자신이 영원의 반향을 뜻한다면 우리 각자는 스스로에 대해 생각할 수 있을 것입니다. 그래서 자칫 인간으로서 내가 느끼는 그러한 반향은 옳고 타인이 느끼는 그것은 옳지 않다고 단정 짓기 쉽습니다. 물론 우리 각자는 자신의 삶을 형성하며 자신의 일을 하고 자신의 업적을 창조합니다. 그렇지만 관건은 나 개인이 아니라 인간 현존재 전체에 대한 이해입니다. 이렇게 각양각색의 사람들의 다양한 행위에서 전체가 성장해야 합니다. 하지만 각자는 '내가 그렇게 하는 것이 옳은가?'라고 근본적으로 생각해보지 않는 경향이 있습니다. 말하자면 이 질문이 던져질 때마다 '나'를 향해서는 '그렇다'라고 응답하는 이면에 타인을 향해서는 '아니요'라는 대답이 숨어 있습니다. 생명과 근원이 항상 더 높은 차원으로 형성되고 더 풍부한 조화가 이루어지지만, 이는 역설적으로 적대감을 일으킬 여지를 주곤 합니다. 거기에는 모든 역사의 시초에서 유래하는 무질서 안에 어떤 것이 있기 때문입니다. 아담의 아들 중 하나는 타인을 위협했고, 카인은 아벨을 죽였습니다.

한번 생각해봅시다. 우리는 만남을 통해 정말로, 그리고 실제로, 참으로 존재합니다. 한 사람이 다른 사람을 만날 때, 그것도 사리 분별과 습관을 통해 고유한 '삶의 방식'이 형성되기 전에 처음으로 만날 때, 그가 다른 이에게 보이는 최초의 감정은 도대체 무엇일까요? 오늘날에도 여전히 인정되는, 태고 때부터 유래한 용어가 있습니다. 그 용어는 바로 '타인'입니다. 인간을 더 정확하게 알아볼수록, 아니 오히려 자기 자신을 더 깊이 알게 될수록 타인이라는 말이 우리를 더욱 압박합니다. 그 결과 '타인'은 우리에게 낯선 자, 원수, 악인으로 다가옵니다. 그래서 우리가 문명, 교양, 문화라고 부르는 것은 혼란스런 마음에서 분출되는 원천적인 언어인 타인이라는 말을 끊임없이 무효화하려는 시도에 해당합니다. 그럼에도 불구하고 인간의 모든 만남에서 타인이라는 원천적인 언어는 재차 우리를 압박할 가능성을 품고 있습니다.

어떤 사람이 초등학교에서 아이들에게 다음과 같이 질문했다고 합니다. "사람들이 다른 사람의 어떤 점을 더 믿는다고 생각하니? 좋은 점일까, 나쁜 점일까?" 아이들은 한목소리로 "나쁜 점이요!"라고 대답했다고 합니다. 이는 모든 문화의 이면에 숨겨져 있던 원초적인 음성입니다. 이렇게 나쁜 것은 인간 안에 잠재되어 있으며, 호시탐탐 나타날 기회를 엿보고 있습니다. 화염 속에서 작은 불꽃이 튀듯이 우리 안에 도사리던 증오가 드러나려 합니다. 이렇게 악은 자신의 정체를 드러냅니다.

비록 우리는 악을 행할 가능성을 품고 있지만, '타인'에 대한 감정을 바로잡을 때 비로소 평화를 향한 길이 열립니다.
　예수님은 삶의 보편적인 지혜에 대해 다음과 같이 말씀하십니다. "사람들이 너에게 행하는 것을 네가 원하지 않는다면, 너 또한 누구에게도 그것을 행하지 마라." 주님은 한 걸음 더 나아가십니다. 아니, 전체 역사의 길이만큼 더 나아가서 말씀하십니다. "남이 너희에게 해주기를 바라는 그대로 너희도 남에게 해주어라"(마태 7,12). 이 말씀은 엄밀히 보자면 혁명의 시발점입니다. 먼저 내가 '나와 타인'이라고 말하는 점에 주목해봅시다. 여기서는 내가 중심입니다. 이 중심에서 나는 타인들을 친절하게 또는 무관심하게 또는 적대적으로 내 주변으로 끌어들여서 그들을 대합니다. 그러나 나는 타인의 고유한 권리, 타인의 얼굴을 결코 올바르게 드러내 보이지 못합니다. 타인은 나의 자아를 위한 배경으로만 남기 때문입니다. 그렇다면 타인이 나처럼 불의를 느껴서, 상대방을 아프게 할 수도 있는 일을 그에게 저지르지 않아야 한다는 점을 떠올린다면 어떨까요? 하지만 그렇게 한다고 해도 타인을 내 자아를 위한 배경으로 삼으려는 이기심은 결국 한계에 부딪히게 됩니다. 반면에 예수님은 더 나아가서, 그것도 절대적인 의미로 더 나아가서 말씀하십니다. "타인도 '나'이고 세계의 중심이기도 하다는 것을 의식하라. 그리고 너의 마음, 너의 시선, 너의 태도에 타인이 등장할 수 있는 자유를 선사하라." 다시 말해 그 사람 안에서 '형제'를 보라는 것입니다.

혹시 아직도 자신의 마음이 이기심에 사로잡힌다면, 주님께서는 '내가 너를 도와주마'라고 말씀하실 것입니다. 그분은 신비로운 진리를 알려주셨는데, 바로 우리가 타인에게 행하는 모든 것이 그분에게 행하는 것이 된다는 내용입니다. 주님은 바로 이러한 방식으로 우리를 이끄십니다(마태 25,35 이하). 그러므로 사람 사이의 모든 관계에 그분이 내적으로 계시기 때문에, 그분은 당신의 타인인 우리 각자에게 고유한 인격을 부여하십니다. 우리는 본성적인 말을 간직하고 있습니다. 그런데 이 말은 원죄의 뿌리에서 유래한 것입니다. 이제 "타인은 적이다"라는 본성적인 말은 "타인이 바로 나다!"라는 말로 바뀝니다. 우리가 이 문장을 의미 없이 죽은 문자로만 남겨두지 않고 생생하게 살아 있도록 만들려면 다음과 같이 말해야 합니다. "그리스도께서 내 안에 계시듯이 타인 안에도 그리스도께서 계신다. 그럴 때 모든 것이 변화한다." 이로써 우리가 '본성'이라고 부르는, 이기심에 반反하는 질서는 사랑의 질서가 됩니다. 이것이 그리스도께서 주시는 평화, '그분의 평화'입니다.

이제 다시 한번 생각해봅시다. 우리는 앞서 두 사람 간의 관계에 대해 이야기했습니다. 그렇다면 이런 관계가 우리 안에는 어떤 모습으로 존재할까요? 인간도 자신 안에서 많은 힘이 상호 작용하는 하나의 세계라고 할 수 있습니다. 하지만 인간의 이 같은 힘들이 나무랄 데 없는 상태로 있을까요? 자신 안에 평화를 누리는, 조화로운 하나의 전체가 이 힘들에서 형성될까요? 분명히 그렇지는 않습니다. 인간의 마음 안에는 세상을 손아귀에 넣으려 하고 세상에서 자신만의 업적을 이루려는 의지가 있습니다. 하느님은 인간과 계약을 체결하셨는데, 그것은 인간이 "땅을 지배해야"(창세 1,28) 한다는 것이었습니다. 그러나 인간의 반항 때문에 인간 안에 한계를 모르는 무절제함이 나타납니다. 다시 앞으로 되돌아가 봅시다. 우리의 세계는 도대체 어떤 흔적을 남기고 있나요? 과연 이 흔적은 끝없는 발전이고 탐구이며 발견일까요? 그 결과 생긴 지나친 정복과 생산, 소비에는 아무런 문제가 없을까요? 이것이 본래 인간 본질에 상응하는 관계 맺음의 방식일까요? 오히려 우리 각자는 여기에서 어두운 것이 새어 나왔다고 느끼지는 않나요? 그렇다면 말할 수 없는 것이 발생할 수 있지 않을까요?

이런 거대한 표상에서 나타나는 것을 우리는 일상의 삶에서도 마주치게 됩니다. 거리에서 자주 이러한 체험을 합니다. 예컨대 상점에 전시된 것들을 보는 사람들의 시선이 그것입니다. 이 시선은 쇼윈도에 전시된 이것도 가지고 싶고, 저것도 가지고 싶다는 뜻입니다. 더 나아가서 이 시선은 내가 만나는 사람의 모습 속에서 그 사람이 입은 옷을 나도 입고 싶고, 그 사람의 자동차를 나도 몰아보고 싶고, 그 사람이 가진 돈으로 살 수 있는 것이 어쩌면 나에게도 어울릴 것 같고 등등을 의미합니다. 이렇게 우리의 시선이 바라보는 것은 끝없이 이어지는 욕망입니다. 만일 빨리 달려서 시선이 한곳에 머물지 못하게 함으로써 욕망을 담은 감정과 이 감정을 일으키는 원동력을 떨쳐버린다면, 과연 어떤 일이 생길까요? 이제 이런 일이 실제로 발생한다고 생각해봅시다. 이때 달리는 사람은 그러한 욕망이라는 감정과 동력이 생기더라도, 달리는 도중에는 거기에 시선을 고정시킬 수 없기에 그것을 떨쳐버릴 수밖에 없을 것입니다.

그렇다면 이런 현상이 각 사람 안에서 발생할까요? 각자가 스스로 이런 감정과 동력을 떨쳐버리는 것이 실제로 좋은 일일까요? 과연 우리의 의지가 매 순간마다 특정한 태도를 결정할까요? 여기서 특정한 태도란 자신이 무엇을 하고 무엇을 허용하는지, 자신의 시간과 능력들, 특히 자신이 가진 사랑의 능력, 그리고 자신의 돈을 어떻게 쓰는가 하는 태도를 말합니다. 과연 우리의 의지가 자신의 실존을 유지하고, 자신의 본성을 펼치며, 자신의 가능성을 올바로 행하게끔 할까요? 그렇지 않다면 자신을 해치는 행위 방식에서 벗어나기 위해, 꾸준히 이성을 통해 자신을 극복하고 이를 위해 다양한 심리적 기술을 이용해야 하지 않을까요? 우리는 국가, 가정, 학교에서 윤리적으로 행동하려고 스스로 애를 씁니다. 그렇다면 그런 수고는, 하고 싶더라도 자신에게 해를 끼치면 그냥 그대로 두고, 하고 싶지 않더라도 자신에게 도움을 주면 계속 하는 행동을 분명하게 해주나요? 이 같은 질문을 통해 얼마나 인간이 인간에게, 더 명확히 말하자면, 자기가 자기 자신에게 적이 되는지를 분명히 알게 된다면, 우리는 엄청난 충격을 받을 것입니다.

인간은 스스로 평화롭지 못합니다. 인간의 마음속 욕망들이 자신의 고유한 본질을 참되게 펼치는 일과 멀리 떨어져 있기 때문입니다. 그렇습니다, 그것들은 서로 대치하며 마주하고 있습니다. 구체적인 일처럼 인간이 실제로 원하는 것은, 자신 안에서 원하는 나태함 때문에 좌절됩니다. 이런 현상과 심리학자들이 말하는 비밀에 싸인 죽음에 대한 충동은 어떤 관계가 있을까요? 이것이 우리가 일반적으로 아는 것보다 더 자주 실제적인 자살로 내모는, 게다가 모든 사람에게서 재앙을 일으키는 자기 파괴의 충동일까요? 또, 심리학에서 여러 단계를 통해 설명하는 동일한 자아 안에 있는 다른 인격의 분열과는 어떤 관계가 있을까요?

하지만 그리스도께서는 우리의 고유한 자아 안에서 일

어나는 이 모든 혼란에서도 우리를 구해주시는 구원자이십니다. 이분은 내가 나 자신을 아는 것보다 더 깊이 나를 아십니다. 내가 나 자신에게 마음을 쓰는 것보다 그분이 나에게 쓰시는 마음이 더 큽니다. 그분은 내 안에 사시며, 당신의 거룩한 의지와 당신의 창조력으로 나의 선한 자아를 치유하여 하나 되게 하고 평화를 이룩하십니다.

사도 바오로는 자신에 대해 다음과 같이 말할 수 있었습니다. "나는 그들(다른 사도들) 가운데 누구보다도 애를 많이 썼습니다"(1코린 15,10). 바오로는 주님의 사명을 수행하는 데 온 생애를 바쳤으며, 시종일관 주님을 위해 투쟁했습니다. 바오로는 필리피 신자들에게 보낸 서간에서 놀랍게도 다음과 같이 말합니다. "사람의 모든 이해를 뛰어넘는 하느님의 평화가 여러분의 마음과 생각을 그리스도 예수님 안에서 지켜줄 것입니다"(필리 4,7). 이 말씀의 배후에는 사도 바오로의 깊은 체험이 있습니다. 바오로는 이제 막 태어난 그리스도교 공동체를 파괴하고자 광포한 모습으로 신자들을 쫓았습니다. 그는 예루살렘에서 다마스쿠스로 가는 길에서 주님에 의해 바닥에 내던져졌습니다. 그러나 곧 주님에 의해 새 사람으로 태어났습니다.

이전에는 의로움에 대한 욕망을 집요하게 좇던 그는 자기 힘으로 욕망의 혼란을 벗어나는 데 실패했습니다. 그가 저지른 폭력이 욕망을 고조시키지만, 결국은 폭력으로 인해 욕망이 추구하는 것을 망쳐버렸기 때문입니다. 로마서 6장에서 밝히듯이, 그는 자신을 통해서는 어떤 것도 할 수 없으며 구원은 은총의 신비를 통해서만 주어진다는 것을 알았습니다. 여기서 그는 '그리스도의 평화'를 체험합니다.

그분이 누구신지 우리는 올바로 말할 수 없습니다. 그분을 체험해야만 알 수 있습니다. 더욱이 하느님은 이런 체험을 원하는 이에게 당신을 선사하십니다. 다시 말해 그분이 그 사람의 가장 깊은 내면을 건드리실 때, 그는 이 평화를 경험합니다. 그분의 모든 건드림은, 비록 그 건드림이 미약하더라도 자신을 내주시는 행위입니다. 하느님은 '한 분이시며, 모든 것 안에 계시기' 때문에, 그분을 소유하는 이는 모든 것을 소유하는 것입니다.

따라서 우리는 당신 자신을 베풀어주시도록 그분께 청해야 합니다. 그러면서 우리 사이에 평화가 이루어지도록 서로 노력해야 합니다. 그리하여 다른 사람과 관계를 맺듯이 자기 자신과 관계를 맺는데, 이러한 관계는 서로 깊이 상응합니다. 우리가 본래의 자아, 다시 말해 시간성이 아니라 영원성의 관계에서 규정된 자아를 이해하게 된다면 말입니다. 이렇게 해서 온갖 차이와 대립이 있지만 나는 다른 형제자매들과 연대합니다. 그래서 나에게 그들은 더 이상 낯설지도 않고 적으로 느껴지지도 않습니다. 이로써 내가 그들에게 행하는 것이 나에게서 성취됩니다. 곧, 내가 타인에게 적대감을 가지거나 평화를 이루는 일은 바로 나 자신에게 적대감을 가지거나 평화를 이루는 일입니다.

유다의 배반

최후의 만찬에 관한 성경 본문에는 다음과 같은 장면이 나옵니다. "예수님께서는 이렇게 이르시고 나서 마음이 산란하시어 드러내놓고 말씀하셨다. '내가 진실로 진실로 너희에게 말한다. 너희 가운데 한 사람이 나를 팔아넘길 것이다.' 제자들은 누구를 두고 하시는 말씀인지 몰라 어리둥절하여 서로 바라보기만 하였다. 제자 가운데 한 사람이 예수님 품에 기대어 앉아 있었는데, 그는 예수님께서 사랑하시는 제자였다. 그래서 시몬 베드로가 그에게 고갯짓을 하여, 예수님께서 말씀하시는 사람이 누구인지 여쭈어보게 하였다. 그 제자가 예수님께 더 다가가, '주님, 그가 누구입니까?' 하고 물었다. 예수님께서는 '내가 빵을 적셔서 주는 자가 바로 그 사람이다' 하고 대답하셨다. 그리고 빵을 적신 다음 그것을 들어 시몬 이스카리옷의 아들 유다에게 주셨다. 유다가 그 빵을 받자 사탄이 그에게 들어갔다. 그때에 예수님께서 유다에게 말씀하셨다. '네가 하려는 일을 어서 하여라.' 식탁에 함께 앉은 이들은 예수님께서 그에게 왜 그런 말씀을 하셨는지 아무도 몰랐다. 어떤 이들은 유다가 돈주머니를 가지고 있었으므로, 예수님께서 그에게 축제에 필요한 것을 사라고 하셨거나, 또는 가난한 이들에게 무엇을 주라고 말씀하신 것이려니 생각하였다. 유다는 빵을 받고 바로 밖으로 나갔다. 때는 밤이었다"(요한 13,21-30).

매우 풍부한 내용의 말씀입니다. 여기서 복음사가는 깊은 절망으로 가득 찬 상황을 말하고 있습니다. 이 복음 구절을 읽은 후에 우리에게 밀어닥치는 의문 중 하나는, '예수님을 배반하는 것이 어떻게 가능했는가' 하는 점입니다. 오랫동안 그분과 함께하여 그분의 인격에서 나오는 빛의 광채를 발견하고 그분의 말씀을 들었으며, 그분의 신적 권능이 실현되는 모습을 목격한 제자들 중 하나가 스승을 적에게 팔아넘기는 것이 과연 가능한 일인가요? 오히려 스승은 적들이 자신을 없애버리려 한다는 사실을 그 제자를 통해 미리 알고 있어야 하지 않을까요?

더 나아가서 '그 제자 외에 모든 이가 그분을 버리고 떠난다는 게 어떻게 가능한가'라는 의문도 들 수 있습니다. 이 같은 의문이 올라오는 바닥에는, '나는 결코 그렇게 하지 않았을 것이다! 어떻게 그런 일이 있을 수 있단 말인가?'라고 표현될 수 있는 개인의 깊은 공감 의식이 깔려 있습니다.

이 의문들에 답할 수 있으려면 우리가 제자들과 스승의 관계 속으로 깊이 들어가 보아야 합니다.

우선 한 가지 점에 대해 말할 수 있겠습니다. 제자들은 스승이 마침내 행하셔야만 하는 일을 언제 시작하시는가를 직감했어야 합니다. 그분이 메시아이심을 그들은 곧장 알게 되었지만, 공생활을 통틀어 그분께 기대했던 이미지는 구약성경의 말씀에 근거를 두고 있었습니다. 그 말씀에 따르면 그분은 특히 로마인으로 볼 수 있는 적들을 이 땅에서 몰아내어 예루살렘에 왕좌를 세우고 다윗 임금처럼 통치해야 했습니다. 이곳에서부터 전능으로 세상을 통치하는 것입니다. 그리고 그분의 나라에는 자비가 충만하게 흘러넘쳐야 하며, 기적들이 무수히 일어나야 합니다. 제자들은 이러한 것들을 바랐지만, 그런 일들은 일어나지 않았습니다.

그제야 제자들은 그분께서 말씀하신 "하느님의 나라"가 바리사이와 율법학자들이 말하는 '하느님의 왕국'과 다른 의미를 지녔다는 사실을 알아챘습니다.

그렇기 때문에 산상설교에서 그분의 가르침을 듣고자 모였던 사람들은 이 땅에서 로마인들을 몰아내어야 할 분이 아니라, 이와는 전혀 다른 생각을 가진 분의 말을 들었을 것입니다. 그들이 생각하기에, 예수님은 알렉산드로스 대왕의 후계자들에 대항해서 오랜 전쟁을 치렀던 마카베오 가문의 사람들처럼 말해야 했습니다. 그러나 그분은 그 대신에 하늘에 계신 아버지의 뜻에 자신을 버리고 헌신하라고 요구했습니다. 그분은 정치적이거나 전의에 불타는 열정을 불러일으키지 않으셨고 하느님의 적들에 대한 복수가 아니라, 평화에 대해 말씀하셨습니다. 이 평화는 자신을 버림과 사랑에서 나옵니다. 이 모든 것을 곰곰이 생각해본다면, 오히려 제자들이 '이분은 우리가 기다리던 분이 아니다'라고 말하지 않았음에 놀라게 됩니다.

사정이 이러하기 때문에 제자들은 더욱더 자신들의 개인적 관심사에 골몰했습니다. "하늘 나라에서는 누가 가장 큰 사람입니까?"(마태 18,1)라는 질문에서 우리는 그리 좋아 보이지 않는 제자들의 생각과 마음을 엿볼 수 있습니다. 예컨대 제베대오의 아들 야고보와 요한의 어머니가 예수님께 와서 말한 구절을 생각해볼 수 있겠습니다. "스승님의 나라에서 저의 이 두 아들이 하나는 스승님의 오른쪽에, 하나는 왼쪽에 앉을 것이라고 말씀해주십시오"(마태 20,21). 이 구절은 그 자체로 큰 위력으로 다가오는 하느님 나라에 대한 매우 강렬한 희망으로 제자들의 공동체가 동요된다는 것을 보여줍니다. 더 나아가서 우리는 돈을 맡고 있던 유다가 부정직하게 돈을 착복한(요한 12,6) 사실을 알기 때문에, 유다가 특별한 계획을 생각하고 있었음을 어렵지 않게 상상할 수 있습니다.

그렇다고 제자들이 황금빛 배경 위에 그린 예수님의 모습을 바라본다고 생각할 필요는 없습니다. 만일 그랬다면 이런 예수님의 모습은 제자들에게 참된 존경을 불러일으키지 못했을 것입니다. 예수님의 이 모습은 제자들에게 어느 정도 진짜 예수님의 면모처럼 생각되었을 것입니다. 사실 제자들은 현세의 인간들로서 선한 것을 행할 가능성뿐만 아니라 나쁜 짓을 저지를 가능성도 품고 있습니다. 제자들이 자신들이 만든 표상에 얼마만큼 집착했는가는 사도행전 1장 6절 이하에서도 볼 수 있습니다. 제자들은 예수님의 죽음과 부활을 함께 체험한 후에, 그분이 이제는 이스라엘을 위한 나라를 세울 것인지를 묻습니다. 제자들의 마음은 아직 닫혀 있었기에, 예수님은 이런 그들의 질문을 귀담아 듣지 않으시고, 오히려 그들을 깨닫게 하실 성령께서 오심을 설명하십니다. 성령강림절의 불꽃이라야 비로소 우리가 '사도들'에 대해서 말할 때 이 말이 의미하는 것을 드러내줍니다. 그러나 이렇게 참된 사도가 되기 전에, 자신들의 스승이 말하는 것을 듣고 행하는 것을 보던 그 상태에서는 제자들 모두 아직 여러 가지 가능성을 지니고 있을 뿐입니다.

그렇기 때문에 우리는 오히려 한 제자만이 배신자가 되었다는 사실에 놀랄 수밖에 없습니다. 근본적으로 보면 제자들 모두 그분을 배신한 셈입니다. 위험이 닥친 순간에는 모든 것이 불안정해지기 때문입니다. 마르코 복음사가는 이러한 점을 꾸밈없는 어투로 말합니다. "제자들은 모두 예수님을 버리고 달아났다"(마르 14,50). 그러나 베드로는 마음의 동요를 드러냅니다. "모두 떨어져 나갈지라도 저는 그러지 않을 것입니다"(마르 14,29). 베드로의 이 맹세는 다른 맹세를 통해 예수님을 부인하는 말로 바뀝니다. "베드로는 거짓이면 천벌을 받겠다고 맹세하기 시작하며, '나는 당신들이 말하는 그 사람을 알지 못하오' 하였다"(마르 14,71). '알지 못한다'는 이 말은 사실이었으며, 배신이 어떻게 가능한지 알려줍니다. 그렇기에 베드로는 부지불식간에 예수를 배신했지만, 이는 결국 은총으로 이루어진 일이었습니다.

더 나아가서 우리는 다음과 같이 묻게 됩니다. 탁월한 인품을 가진 분 곁에 사는 일이 그렇게 쉬울까요? 우리는 예수님이 그토록 놀라운 지혜를, 그토록 큰 권능을, 그토록 거룩한 자비를, 그토록 완전한 자유를 보여주셨는데도 불구하고 사도들이 어떻게 배반할 수 있었는지, 한 사도가 배신자가 되는 일이 어떻게 가능했는지에 놀라게 됩니다. 이것을 해명해줄 답변은 다음과 같습니다. 바로 예수님이 그렇게 위대한 분으로 계셨기 때문에, 그런 일이 벌어질 수 있었습니다. 사실 참으로 위대한 분과 함께 있는 것은 당사자에게 매우 어렵고 부담스러울 것입니다. 그분이 어떻게 계시며, 어떻게 말씀하시고, 어떻게 행하시는지, 더욱이 현실적으로는 초라한 그분의 모습을 가까이에서 항상 보고 느껴야 한다는 사실은 반발을 불러일으킬 수밖에 없었을 것입니다.

이러한 반발이 종교적 품성을 지닌 인물에 관한 것이라면, 다시 말해 우리 자신은 감히 접근할 수 없는 심연에서 나와서 살고 있는 종교적 인격을 지닌 분에 관한 것이라면, 반발은 한층 더 거셀 수밖에 없습니다. 깊이를 알 수 없는 심연을 자로 잴 수는 없는 노릇이기 때문입니다. 종교적 인격을 지닌 이 인물이 고독 속에 침잠한다면, 우리는 거기서 무슨 일이 일어나는지 알 수 없습니다. 이럴 때 '내가 도대체 무엇을 해야 하나?'라는 생각이 들 수도 있습니다. 우리는 계시를 통해서야 비로소 종교적 인격을 지닌 그분에 대해 알게 됩니다. 계시는 우리에게 그분은 영원한 아버지의 아들이시며, 성령의 힘이 그분을 지배한다고 알려줍니다.

루카복음 5장에서 보도하는 사건에서 정확히 무슨 일이 일어났는지를 알아차리기는 매우 어렵습니다. 여기서는 놀라운 고기잡이 사건이 일어납니다. 어부들은 배를 뭍에 대고 그물을 힘겹게 끌어 올렸습니다. 이때 베드로가 주님 발 앞에 엎드려서 외칩니다. "주님, 저에게서 떠나주십시오. 저는 죄 많은 사람입니다"(루카 5,8). 구약성경에서 거룩한 장소에 가서 하느님을 뵙고 깜짝 놀라는 사건이 베드로에게 일어난 것입니다. 그러나 베드로는 이 사건을 감당할 수 없었습니다. 이 사건은 지금 벌어지고 있는 사태가 어떤 것인지를 드러냅니다.

더욱이 이 사건에는 사도들 자신이 경험한 인간적 나약함까지 더해집니다. 베드로는 격렬한 성품과 무분별한 성격을 지녔습니다. 그리고 토마스는 까다롭고 회의적이었으며, 야고보와 요한은 잘 참지 못하는 성격을 지녔습니다. 이 점을 염두하여 당시에 일어난 사건으로 돌아간다면, 제자들은 자신들의 이런 성격 때문에 아주 쉽게 "그분에게서 떨어져 나갈"(마태 26,31) 수밖에 없다는 것을 알 수 있습니다. 이런 맥락에서 우리는 예수님이 베드로에게 하신 말씀을 이해할 수 있게 됩니다. "나는 너의 믿음이 꺼지지 않도록 너를 위하여 기도하였다. 그러니 네가 돌아오거든 네 형제들의 힘을 북돋아주어라"(루카 22,32).

물론 여기서 사도들에 대해서만 말하려는 것은 아닙니다. 과연 우리의 경우는 어떠합니까? 우리도 주님을 배신할 위험에 처해 있지는 않나요?

사도들이 한 일은 우리와 그리 멀리 떨어져 있지 않습니다. 공공연하게 만연한 무신론이 몇 가지 사항을 말해줍니다. 이 시대는 거룩한 것을 모독하는 일이 유행하고 있습니다. 믿지 않는 이들이 쓴 휘황찬란한 미래에 대한 책들이 출간되고 있습니다. 한 공동체에서 온갖 회의주의와 냉소주의의 관점으로 자신의 믿음을 매우 특별하다고 생각하는 사람도 나올 수 있습니다. 거대한 정치권력과 연결되어 신을 부정할 뿐 아니라 증오하는 일이 더 확산된다면, 앞으로 무슨 일이 생길지 누가 알겠습니까? 비록 인간 정신의 역사가 신앙에 등을 돌리는 방향으로 나아가는 듯 보이더라도, 우리 각자는 믿음 안에 신실하게 머무른다는 것이 무엇을 의미하는지 물을 수 있어야 하지 않을까요?

그렇다면 이와 같은 물음이 개인의 신앙과는 어떤 관계가 있을까요? 각자는 나의 믿음이라고 말해야 합니다. 그것이 '나'이기 때문입니다. 하느님의 은총은 분명히 내 안에 있습니다. 그 때문에 내 믿음 안에 나의 온갖 기질이 들어 있습니다. 그런데 내 기질에는 힘도 들어 있지만, 나약함도 들어 있습니다. 내 기질 때문에 최고의 시기도 도래하지만, 침체의 시기도 옵니다. 나에게 믿음의 진리를 비추어주는 삶의 여러 시기에서 나는 신앙의 깊이와 따스함을 느끼지만, 믿음이 나에게 어떤 것도 말해주지 않는 시기도 닥쳐옵니다. 믿음이 나를 어떻게 이끄는지를 느끼는 시기에도 오히려 그 믿음에서 압박을 느낄 수 있습니다.

그렇기 때문에 '믿음이고 뭐고 간에 나를 가만 좀 내버려둬!'라고 말한다면, 이는 큰 유혹임에 틀림없습니다. 인간은 기쁨과 고통, 즐거운 일과 힘든 일과 함께 살 수밖에 없습니다. 애쓰며 살지만, 때가 되면 우리는 죽습니다. 모든 것이 지나갑니다.

앞서 언급한 삶에서 겪는 시간들이 우리를 심하게 압박할 수 있습니다. 여기에는 어떤 사상도, 어떤 증명도 도움이 되지 않지만, 한 가지 사실은 도움이 될 수 있습니다. 참고 견뎌낼 때 하느님의 은총과 인간의 신뢰를 회복할 수 있다는 것입니다. 믿음이라는 독일어 단어는 어원상 '서약한 것'을 뜻하며, 신뢰를 가리킵니다. 믿음을 뜻하는 라틴어 '피데스fides'도 마찬가지입니다. 생생하게 살아 있는 믿음의 모습과 확고한 신뢰가 축 처진 어깨처럼 맥없이 사라져버릴 때, 제멋대로 하려는 위험을 느낄 때, 우리는 다음을 상기해야 합니다. '조심해! 너는 지금 성경에서처럼 제자들이 있었던 그때("그때는 밤이었다"), 그 상황에 있는 거야.' 우리 내면이 '밤'처럼 어두워지는 상황에 처할 때, 우리가 의지해야 할 것은 오직 하나, 하느님의 은총을 확신하고 주님의 인격을 신뢰하는 것뿐입니다.

하느님을 증오하다

　　　　　　　　마지막 날 저녁에 예수님이 하신 말씀 중에, 읽을 때마다 항상 마음과 정신을 강하게 흔들어대는 문장이 있습니다. "세상이 너희를 미워하거든 너희보다 먼저 나를 미워하였다는 것을 알아라"(요한 15,18).

　예수님은 사람들의 미움을 받아 하느님으로서 고통을 겪으시고 끝내 죽음에 이르셔야 했습니다. 아마도 그 마지막 저녁에 지난 세월 겪었던 사건들이 당신의 머릿속에서 주마등처럼 스쳐 지나갔을 것입니다. 그중에는 헤로데가 당신을 죽이려고 했기 때문에 부모님과 함께 이집트로 피신 갔던 아기 때의 기억도 있을 것이며, 사람들의 적개심에 부딪히고 중상과 비방을 당하며 오해를 샀던 공생활의 기억도 있을 것입니다.

　요한복음의 첫 장 곳곳에는 진리가 만개하고 인간의 마

음이 활짝 열린 봄날과 같은 분위기가 깔려 있습니다. 하지만 이 봄날은 그리 오래가지 않습니다. 곧바로 종교적으로도 그렇고 정치적으로도 보수적인 바리사이파 사람들이 예수님을 반대했습니다. 그들은 그분의 약점을 들추기 위해 덫을 놓았고, 백성이 그분을 헐뜯을 수 있을 만한 소문을 널리 퍼뜨렸습니다. 시간이 지나자, 또 다른 집단의 사람들도 그분을 반대하여 돌아섰습니다. 요한 복음사가가 백성이 "그분을 맞아들이지 않았다"(요한 1,11)고 말하는 그 '어둠'에 최종적으로 모든 것이 수렴될 때까지 이러한 반대는 지속됩니다.

하지만 지금 우리의 생각이 머무르는 마지막 날 저녁에 예수님은 "어둠이 권세를 떨칠"(루카 22,53) 다가오는 어두운 '밤'을 미리 보셨고, 어떤 두려운 사건이 당신을 기다리는지 아셨습니다.

그런데 구원을 가져오시는 분이 어떻게 증오의 대상이 되었을까요? 우선 군중에게 눈을 돌려봅시다. 처음에 이들은 그분에게 환호를 보냈습니다. 그분 안에서 메시아의 모습을 보았기 때문입니다. 그러나 이들이 가졌던 메시아의 이미지는 정치적 자유와 지상의 온갖 물질적 재화를 넘치도록 가져다 줄 세속적인 모습이었습니다. 예수님은 군중의 환호가 얼마나 빨리 사그라질지 알고 계셨습니다. 요한 복음은 이를 다음과 같이 표현합니다. "그러나 예수님께서는 그들을 신뢰하지 않으셨다. 그분께서 모든 사람을 다 알고 계셨기 때문이다"(요한 2,24). 이제 그분을 진정으로 사랑한 아주 소수의 사람들만이 남습니다. 하지만 왜 극히 소수만 남아야 했을까요? 사태를 정확히 살펴보면, 마지막에 대부분은 도망갔기 때문이 아닐까요?

    이에 대한 답을 찾기 위해서는 예수님이 어떤 분이셨는지 머릿속으로 생생하게 그려보아야 합니다. 그분의 존재를 '눈으로 보고 귀로 들었던' 사람들에게 그분은 유일무이한 신적 현현顯現이었습니다. 그분 안에서 하느님의 살아 계신 아들이 우리에게 오신 것입니다. 요한은 이것을 이렇게 전합니다. "말씀이 사람이 되시어 우리 가운데 사셨다. 우리는 그분의 영광을 보았다. 은총과 진리가 충만하신 아버지의 외아드님으로서 지니신 영광을 보았다"(요한 1,14). 첫째 서간에서 요한은 자신의 체험을 인상적 표현으로 반복해서 보도합니다. "처음부터 있어 온 것, 우리가 들은 것, 우리 눈으로 본 것, 우리가 살펴보고 우리 손으로 만져본 것, 이 생명의 말씀에 관하여 말하고자 합니다"(1요한 1,1).

예수님 안에 하느님이 계시되었습니다. 그렇다면 '하느님은 어떤 분이신가'라고 묻게 됩니다. 그 답은, 하느님은 바로 예수님과 같은 분이시라는 것입니다. 그렇다면 어떻게 이분을 증오할 수 있을까요?

이 질문에 답하려면 한 걸음 더 뒤로 물러나서 다시 물어야 합니다. 우리가 우리를 창조하신 하느님을 증오할 수 있습니까? 이스라엘 백성의 증언에 따르면 그분은 세상의 창조주이십니다. 우리가 왜 존재하게 되었냐고 묻는다면, 하느님이 계시고 그분께서 우리가 있기를 원하셨기 때문이라고 대답할 수 있습니다. 그러므로 우리의 마음은 그분을 향해 갈 수밖에 없습니다.

나침반의 바늘이 지구 위 어디서든 항상 북극을 가리키듯이, 본래 인간의 마음도 젊을 때나 나이 들었을 때나, 기쁠 때나 슬플 때나 근원적이며 필연적으로 하느님을 향해 있습니다. 하지만 과연 그런가요?

우리 마음에는 본래 우리의 존재를 지배하는 근원적인 법이 있습니다. 아우구스티노는 이 법에 대해 주옥같은 문장을 남겼습니다. "당신을 향하도록 우리를 창조하신 주님, 우리 마음은 당신 안에 쉬기까지 어쩔 줄 몰라 하나이다"(⟨고백록⟩ 1권 1장). 하지만 같은 마음에서 모순도 생깁니다. 인간은 자신이 창조되지 않았다고 생각하려고 합니다. 완고하게도 자신을 하느님의 손길에서 나온 것으로 받아들이려고 하지 않습니다. 자신의 존재, 영혼, 인격을 하느님에게서 받았다고 생각하지 않고, 오히려 말도 못하는 자연의 원초적 근원에서 나와 자랐다고, 동물의 생명으로부터 출현했다고 생각합니다. 이런 인간의 고집은 거룩한 근원의 법을 질식시킬 정도로 너무 완고해서 돌처럼 굳어 있습니다. 결국 하느님을 증오하기에 이릅니다. 현재는 역사의 흐름 속에 있는 특정한 시간이지만, 그 안에서 끊임없이 번성하는 음울한 인간의 고집 때문에 인간의 온갖 수치가 말과 행위를 통해 눈부시도록 밝은 빛 속에 고스란히 드러납니다.

하느님이 선하시다는 것은 분명합니다. 깊이 숙고한다면, '진리', '정의', '사랑', '순수'와 같은 말들이 근본적으로 그분을 가리키는 이름임을 깨닫게 됩니다. 그런데 인간의 사유는 이러한 이름들을 하느님으로부터 떼어내어 윤리학이라는 학문을 따로 만들어 윤리적 가치로 발전시켰습니다. 그러나 윤리학에서 다루는 이 이름들은 추상적인 용어일 뿐입니다. 따라서 '정의'란 무엇인가, 정의의 순수한 존재는 어디에 있는가라는 물음의 답도 '그분, 하느님 안에' 있습니다. '좋음', '순수', '온화', '평화'와 같은 말들은 사유의 결정적인 힘을 통해 더없이 풍부하고 완전하며, 단순한 그분의 충만한 가치를 여러 윤리적 가치로 투영합니다. 이는 마치 햇빛이 프리즘을 통해 다양한 빛깔의 스펙트럼으로 분산되는 것과 같습니다.

그러므로 우리 마음은 본래 그분의 영광에 사로잡힐 수밖에 없습니다. 다시 말해 이 영광 안에서 모든 가치의 총체가 영원한 실재로 존재합니다. 하지만 인간은 윤리적 규범들, 존재의 가치들, 고귀함과 행복을 주는 것을 하느님으로부터 끊임없이 분리하고, 세상 안으로 끌어들여 사회와 심리학의 구성 요소들로 만들려고 기를 씁니다.

어떤 한 사람을 안다고 생각해봅시다. 누군가 그가 어떤 사람인지 물어본다면, 그 사람의 특징을 표현한 말을 떠올릴 수 있을 것입니다. 엄격하다든지 온화하다든지, 정의롭다든지 질투심이 강하다든지, 의심이 많다든지 자유분방한 성격을 지녔다든지 등등. 그러나 우리는 그를 이런 식으로 규정하는 것을 넘어서서 단순히 말로는 표현할 수 없는 것이 있음을 감지합니다. 그것은 '그 사람'이 존재한다는 사실입니다. 이에 대해 옛 문장은 "개별 인간은 말로 표현될 수 없다"라고 말합니다. 개인이 지닌 자기만의 색깔, 그 사람이 말하는 톤, 그의 존재가 보여주는 특징은 그 어떤 개념과도 상응하지 않습니다. 이 독특한 고유함은 하느님 안에도 있는데, 바로 거룩함입니다. 거룩함은 우리의 마음을 궁극적인 경외와 고요로 데려가며, 이 거룩함에 의해 건드려지는 그곳에 하느님이 늘 계십니다.

그러므로 우리는 가장 내밀한 마음에서 그분의 목소리에 귀를 기울이고 그분의 흔적을 감지해야 합니다. 그런데 과연 그렇게 하고 있습니까? 오히려 그분에 대해 생각하지 않고 하루하루를 그냥 흘려버리지는 않나요? 그렇다면 이와 반대로 하는 것은 불가능할까요? 위대한 사상가이자 작가인 프리드리히 니체는 "신은 나에게 맛이 느껴지게 다가온다"라고 말하지 않았던가요? 이 의미심장한 문장에 가까이 다가가 보기로 합시다. 유럽인들은 몰락하고 미개한 것처럼 보이는 민족들조차 만들지 않을, 세상을 가득 채운 무신론을 생각해내었습니다. 하느님을 거역하려는 방자한 의지가 그리스도교 국가에서 탄생한 것입니다.

이렇게 하여 사람들은 하느님을 정말로 증오할 수 있게 되었습니다. 이제 그분은 박해받을 수 있을 뿐만 아니라, 사람들이 그분과 그분의 것을 세상에서 몰아내려고 할 수도 있습니다. 이런 일은 바로 오늘날 우리 곁에서, 우리 가운데 일어납니다. 우리는 도처에서 이런 일과, 인간이라는 피조물이 보여주는 비밀스럽고 이해할 수 없는 증오와 마주칩니다. 이 피조물은 그분을 통해 존재하고 숨을 쉬고 생각하는데도 "그분이나 나나 다를 게 없어!"라고 오만하게 말합니다.

이 하느님이 역사 안으로 그것도 육체를 지니고 오십니다. 다시 말해 하느님은 자신을 인간 존재로 변모하신 분으로서 역사 안에 머무십니다. 그러한 변모야말로 인간이 되심이며, 이에 대해 요한은 "아무도 하느님을 본 적이 없다. 아버지와 가장 가까우신 외아드님, 하느님이신 그분께서 알려주셨다"(요한 1,18)라고 말합니다. 그래서 그분은 여기서 우리 가운데 계시고, 당신의 얼굴에서 하느님을 비추어주시며, 성인들이 그러하듯이, 당신의 행위를 통해 마음에 품고 계신 뜻을 명확하게 드러내십니다. 그렇다면 사람이 되신 하느님을 알아보지 못하고, 하느님을 거스르려는 인간의 마음은 극복되어야 합니다!

하느님이 우리와 똑같은 인간이 되시는 일이 실제로 일어나고 말았습니다. 이로써 인간은 하느님의 본질을 체험했습니다. 이제 인간은 더 이상 그분에게 인간의 내면에 대한 전권이 없다고 말할 수 없으며, 그분께서 잠자코 있는 본성에 대해 어떤 일도 할 수 없다고 확신할 수 없게 되었습니다. 오히려 그 반대입니다. 사람들은 그분의 권능을 보고 마음이 흔들렸습니다. 그리스어에서 잘 드러나는 것처럼, 사람들은 고요하던 그들의 마음에 불현듯 그분이 나타났기 때문에 '한대 얻어맞은 것처럼 충격을 받았습니다.' 그뿐만 아니라 사람들은 그분께서 사욕이 없고 순수하며 정의롭다는 것을 의심할 수 없었습니다. 오히려 그분께서 당신을 적대시하는 이들의 반감을 돋우셨습니다. "너희 가운데 누가 나에게 죄가 있다고 입증할 수 있느냐?"(요한 8,46). 이 구절에 나오는 장면을 한번 생각해봅시다. 우리가 적대적인 사람들 가운데 있고 예수님이 말씀하신 것처럼 그들에게 물었다고 가정해봅시다. 아마도 우리는 조소와 비웃음을 살 것입니다. 하지만 예수님이 그렇게 반문하셨을 때는 아무도 반론을 제기하지 못했습니다. 그럼에도 그 사람들은 예수님께 증오심을 품었습니다.

사람들은 하느님의 진짜 음성이 어떤 것인지 궁금해했습니다. 이 음성은 접근할 수 없을 뿐만 아니라 유일무이한 가치를 지니는 거룩함을 드러냅니다. 루카복음에는 이 하느님의 음성이 계시되는 사건이 소개됩니다. 루카복음 4장에서는 예수님이 회당에서 어떻게 행동하셨고, 유다인들이 어떤 반응을 보였는지 이야기합니다. 그분은 성경 두루마리를 펼치시고 메시아에 대한 예언이 적혀 있는 이사야 예언서의 두 구절을 읽으셨는데, 그 말씀이 당신 안에서 이루어졌다고 선언하십니다(루카 4,16 이하). 여기서 우리는 그곳 회당의 숨 막히는 듯한 적막감을 감지할 수 있습니다. 예수님은 성경 말씀을 풀이하기 시작하셨고, 그곳의 모든 사람은 그분 말씀의 거룩한 힘으로 마음이 뒤흔들렸고, 그분이 하시는 은총의 말씀에 놀랐습니다. 하지만 그다음에 그분은 청중의 마음에 들지 않는 내용을 말씀하셨고, 이에 그들은 분노했으며, 그분을 산 위에 지어진 그 고을 밖 벼랑 끝으로 내몰아 거기에서 떨어뜨리려 했습니다. 도대체 무슨 일이 일어난 것일까요? 그분께서 하신 은총의 말씀 후에 그들은 "저 사람은 요셉의 아들이 아닌가?"(22절)라며 웅성거립니다. 그 앞에서 무릎을 꿇을 수밖에 없는 그분의 거룩함이 사람들의 영혼 안으로 바람처럼 불어옵니다. 하지만 바로 다음 그분께서 하신 말씀이 그들의 마음에 들지 않자, 그들 안에서 그분을 죽이려는 대담한 마음이 고개를 든 것입니다.

그리스도는 하느님을 증언하시는 분으로, 곧 하느님의 현현으로 세상에 계십니다. 말하자면 하느님은 그리스도께서 계신 것과 같은 방식으로 계십니다. 인간은 이 증언을 받아들일 수 있고, 거부할 수도 있습니다. 인간은 사랑할 수도 있지만, 차가운 마음을 지닐 수도 있으며, 더 나아가 증오할 수도 있습니다.

모든 사람이 이 가운데 어떤 마음이라도 지닐 수 있으며, 우리도 마찬가지입니다. 저도 마찬가지입니다. 누구나 적어도 한 번쯤은 증오에 이르기 전에 나타나는 마음의 징후를 느꼈을 것입니다. 그분을 드러내놓고 지지해야 할 때 당황하는 것이 이 징후에 속합니다. 더 나아가서 이 징후에는 불편한 심기와 분노와 저항 같은 감정도 있습니다. 이 감정은 역설적이게도 그리스도의 모습이나 말씀 앞에서도 슬며시 고개를 내밀기 시작합니다. 이 감정이 언제 증오로 변하는지는 아무도 모릅니다. 하지만 우리는 세계의 반이 이 증오로 넘쳐흐르는 모습을 목격하고 있습니다.

그럼에도 불구하고 누군가 '그리스도를 사랑하려면 어떻게 시작해야 할까?'라고 물을지도 모릅니다.

이 점을 특별히 자세하게 살펴봅시다. 그 본질상 사랑은 늘 한결같습니다. 사랑은 인간이 그리스도에게 참여하려고 하고, 자기 자신을 벗어나 그분께 갈 준비가 되어 있으며, 자신이 원하는 것이 아니라 그리스도께서 원하시는 것을 원함을 의미합니다. 하지만 심리학에서 표현하듯이, 사랑하는 데에는 사람 수 만큼 많은 구체적인 방법이 있습니다. 사도 바오로가 다마스쿠스로 가는 길에 겪은 것처럼, 그리스도를 사랑하게 되는 특별한 체험을 하는 이가 적지 않습니다. 이런 체험을 통해 그분은 모든 것에 대한 척도로서 우리 의식 안으로 들어옵니다. 하지만 처음에는 그분에게서 어떤 의미도 느끼지 못하는 사람들도 있습니다. 그러다가 어떤 사람을 만나거나 책을 통해 부지불식중에 그분이 가진 힘과 의미를 깨닫게 되고, 마침내 그분을 존재하는 모든 것의 중심으로 삼는 경우가 있습니다. 사랑은 활활 타오르는 불과 같기도 하지만, 침묵 가운데 진지함이 될 수도 있고, 평온한 상태에서 애쓰는 것일 수도 있습니다. 많은 사람에게 사랑은 어떤 것을 공적으로 드러내고 싸우는 데서 표현되고 또 다른 이들에게는 일상생활 가운데 표현됩니다. 이들은 여가를 즐기는 대신 일하고, 자신을 위해 돈을 모으는 대신에 다른 이들을 돕는 데 쓰며, 유혹에 굴복하는 대신 저항합니다. 이렇게 사랑하는 데는 사람 수만큼 많은 방법이 있고, 증오하는 데에도 그렇습니다. 하지만 참으로 사랑할 때는 언제나 그 중심에 그리스도가 계시며, 그분이 가장 중요한 존재이자 원천이고 척도가 되고, '그분을 위해' 생명의 행위가 이루어지듯 사랑의 행위도 그렇게 이루어집니다.

순식간에 일어나는 섬광이나 은은한 열기와 같은 엄청난 사랑의 체험을 선물로 받은 이는 그 선물에 대해 감사하고, 이를 잘 보존해서 풍성한 결실을 맺어야 합니다. 반면에 그러한 체험을 하지 못한 이는 일상의 삶을 진지하게 영위해야 합니다. 이는 그분을 알고, 그분에 대해 숙고하고, 그분이 무엇을 원하시는지 이해하려고 하고, 자신의 고통을 그분의 고난에 참여하는 일부로 받아들이는 것입니다. 이 모두는 보편적 의미를 지닌 추상적 개념이 아니라 구체적 행위입니다. 다시 말해 이 모든 것은 바로 여기 내가 처한 상황에서 나를 통해 이루어집니다. 그분은 내 안에서 어떤 것이 서서히 자라고 있음을 신뢰하도록 해주십니다. 그것은 고요하고 맑고 진지하며 벅찬 위로를 줍니다.

어쩌면 그분은 당신을 사랑하는 것이 무슨 의미인지 느끼도록 은총을 주실 수도 있습니다. 그러나 그 일은 그분에게 달려 있습니다. 우리에게 무엇보다 중요한 일은 그분의 말씀을 듣고 그 말씀을 따라 행하는 것입니다.

그리스도 안에서 성부의 현현

고별 담화에서 예수님은 다음과 같이 말씀하십니다. "'나는 길이요 진리요 생명이다. 나를 통하지 않고서는 아무도 아버지께 갈 수 없다. 너희가 나를 알게 되었으니 내 아버지도 알게 될 것이다. 이제부터 너희는 그분을 아는 것이고, 또 그분을 이미 뵌 것이다.' 필립보가 예수님께, '주님, 저희가 아버지를 뵙게 해주십시오. 저희에게는 그것으로 충분하겠습니다' 하자, 예수님께서 그에게 말씀하셨다. '필립보야, 내가 이토록 오랫동안 너희와 함께 지냈는데도, 너는 나를 모른다는 말이냐? 나를 본 사람은 곧 아버지를 뵌 것이다. 그런데 너는 어찌하여 '저희가 아버지를 뵙게 해주십시오' 하느냐? 내가 아버지 안에 있고 아버지께서 내 안에 계시다는 것을 너는 믿지 않느냐?"(요한 14,6-10).

이 말씀에 담긴 하느님의 신비가 얼마나 충만합니까! 여기서 '그리스도를 본 사람은 아버지를 본다'라는 말씀은 무엇을 의미하겠습니까? 우리는 이 말씀의 의미를 '나는 너희 곁에 있었고, 너희에게 아버지를 알려주었다. 따라서 너희는 아버지가 누구인지 알 수밖에 없다'라고 하신 예수님의 말씀으로 이해할 수도 있겠습니다. 사실 예수님은 늘 다시 비유를 들어 군중에게 아버지에 대해 말씀해주셨습니다. 가령 산상설교에서 예수님은 하느님의 섭리에 대한 기쁜 소식을 전하십니다. 여기서 인간은 아버지의 자비로움으로 들어옴으로써, 걱정거리에 대한 압박을 잊어버리고 신뢰 속에 살게 된다고 말씀하십니다. 달리 말하면 경건하고자 하는 사람은 다른 사람들이 자신을 경탄하도록 자신을 사람들 앞에 내세울 것이 아니라, 오히려 기도함으로써 침묵으로 들어가야 한다는 것입니다. 이렇게 한다면 다음과 같은 아름다운 말씀이 이루어집니다. "그러면 숨은 일도 보시는 네 아버지께서 너에게 갚아주실 것이다"(마태 6,6).

마태오복음의 산상설교에서는 기도도 아버지를 향해 있습니다. 예수님의 가르침이 그분의 기도를 통해 나오기 때문에, 여기서 만나는 아버지의 표상은 특히 중요하고 인상적입니다. 이 표상은 하늘 나라 임금, 거룩하게 빛나는 이름을 지니신 분, 일용할 양식을 주시는 분, 죄를 용서하시고 악에서 구하시는 분에 대해 말해줍니다.

하지만 성경을 잘 알고 있는 사람은 그분을 그런 식으로 해석할 필요가 없음을 곧바로 깨닫게 됩니다. 그리스도께서 '너희는 내 말에서 그분이 아버지임을 배웠다' 하고 말씀하시려 했다면, 아버지도 그렇게 말씀하셨을 것이기 때문입니다. 예수님의 말씀에 따르면, "나를 본 사람은 아버지를 본 것"입니다. 이는 늘 개념으로만 작업하는 이성에서 벗어나야 함을 뜻합니다. 여기서는 이성의 작용이 아니라, 보는 것과 관련됩니다. 바오로와 달리 요한은 '눈의 사람'이었으며, 눈으로 본 하느님의 현현顯現에 대한 생각이 중요한 역할을 한다는 것을 상기해볼 수 있습니다.

'현현'이라는 말은 어떤 것이 '나타나다', 곧 물질적인 형태로 드러나는 것을 의미합니다. 요한복음 서문에서 "우리는 그분의 영광을 보았다. 은총과 진리가 충만하신 아버지의 외아드님으로서 지니신 영광을 보았다"(요한 1,14)라는 말씀을 읽을 수 있습니다. 현현은 단지 생각하고 느끼는 것으로 끝나지 않고, 눈으로 볼 수 있는 것이기도 합니다. 더 나아가서 인간으로 오신 예수님의 모습에서는 인간의 본질보다 더한 무엇인가가 제자들에게 되비추어집니다. 신적 신비 안에 숨겨져 있어 그 자체로는 결코 보이지 않는 것이 주님의 모습에서 드러납니다. 바로 이것이 현현입니다.

인간의 영역에도 이 현현에 상응하는 것이 있습니다. 우리는 사람의 영혼 자체를 볼 수 없습니다. 영혼은 물질이 아니라 영靈이기 때문입니다. 만일 어떤 사람이 다른 사람에게 사랑의 마음을 품고 그에게 향한다면, 그 즉시 사랑하는 사람의 얼굴에서 그의 영혼을 보게 됩니다. 그는 사랑을 생각으로만 하지 않고, 자신의 고유한 내적 체험으로부터 사랑의 현존을 추론하는 데 그치지도 않습니다. 오히려 그는 사랑을 눈앞에서 바라봅니다. 그렇습니다. 우리는 사랑하는 사람을 바라보는 순간에 가장 먼저 사랑하는 사람의 영혼을 보며, 그 영혼 안에서 비로소 그 사람의 육신을 보게 됩니다.

  복음에 따르면, 신앙의 은총이라는 빛이 비추어진 사람은 나자렛 출신 예수님의 몸(육신)에서 하느님의 아들을, 영원한 로고스를 바라볼 수 있습니다. 요한의 첫째 서간에서는 이 복음을 최대한 강한 어조로 반복합니다. "처음부터 있어 온 것, 우리가 들은 것, 우리 눈으로 본 것, 우리가 살펴보고 우리 손으로 만져본 것, 이 생명의 말씀에 관하여 말하고자 합니다"(1요한 1,1). 여기서는 모든 육체적 감각이 깨어 있는데, 믿음 안에서 변화됩니다. 이로써 그 감각들은 자연적인 신체 기관을 능가하는 힘을 지니게 됩니다. 하지만 독자는 복음의 범위를 넘어서 생각할 필요는 없습니다. 말씀은 그다음 구절에서도 동일한 것을 뜻하기 때문입니다. "그 생명이 나타나셨습니다. 우리가 그 생명을 보고 증언합니다. 그리고 여러분에게 그 영원한 생명을 선포합니다. … 우리가 보고 들은 것을 여러분에게도 선포합니다"(1요한 1,2-3). 이 구절은 우리에게 절박하게 다가옵니다. 그렇기 때문에 믿음으로 마음의 준비를 하고 예수님을 만나는 사람은 그분 안에서 영원하신 아드님을 보게 됩니다.

이런 상황에서 주님께서는 "나를 보는 사람은 아버지를 보는 것이다" 하고 말씀하십니다. 그렇다면 이 말씀이 의미하는 바는 무엇일까요?

일상생활에서 어떤 사람을 보고 '저 사람은 아버지와 붕어

빵처럼 닮았어!'라고 말할 때가 있습니다. 너무 비슷해서 그 사람의 얼굴을 보고 그의 아버지의 모습을 알아보는 것입니다. 더욱이 아들은 자신의 아버지에게 숨겨져 있는 점을 드러낼 수 있습니다. 그 점이 가장 좋은 것이든 가장 나쁜 것이든, 기쁨을 주는 것이든 치욕을 안겨주는 것이든 말입니다. 복음서는 다음과 같이 말합니다. '당신이 예수님에게서 아들이심을 본다면, 그 즉시 당신은 그분의 아버지를 보는 것이다.'

예수님의 가장 내면적인 인격을 표현하는 본질적 특성이 무엇인가라고 묻는다면, 그것은 '아들이심'이라고 답해야 합니다. 이 대답은 신적 아들로서의 자격을 의미하지만, 그 무게 중심은 아들로서의 자격에 있습니다. 예수님은 전적으로 아들이십니다. 그렇지 않다면, 우리는 결코 복음을 읽을 수 없었을 테고, 그 결과 예수님은 하느님을 "우리 아버지"*라고 부를 수 없었을 것이며, 더 나아가서 말씀들은

---

* 주님의 기도 첫 문구인 '우리 아버지'로 표현되는 독일어는 주님의 기도를 가리키는 제목이기도 하다. 라틴어를 근간으로 하는 언어들(독일어, 영어 등)은 대부분 '주님의 기도' 첫 문구를 제목으로 삼는다. 이는 대부분의 전례문에서도 첫 문구를 제목으로 하는 라틴어 관습으로부터 유래한다.

중심을 잃고 허우적댈 수밖에 없었을 것입니다. 우리가 예수님을 부를 때 '구원자', '스승', '주님', 또는 친밀감의 표현으로 '형제'라는 호칭을 부여할 수도 있습니다. 바오로 사도는 더 나아가 우리와 그분을 연결하여, 그분을 "많은 형제 가운데 맏이"(로마 8,29)라고 불렀습니다. 하지만 예수님을 아버지라고 부르는 일은 결코 없습니다. 종교적 문헌에서 이렇게 아버지라고 부르는 일이 있다면, 어떤 특별한 이유가 있거나 아니면 아무 생각 없이 그렇게 했을 것입니다. 어쨌든 예수님은 당신의 행동과 말씀, 생각에서, 당신의 가장 내면적인 마음가짐에서 아들로 처신하십니다.

아들이 있다면, 그의 아버지가 있습니다. 예수님에게서 아들이심이 가장 강렬하게 표현되는 태도를 생각해봅시다. 그것은 그분의 순종입니다. 바로 요한복음에서 '아버지의 뜻'과 예수님의 순종에 대한 말씀을 계속해서 만날 수 있습니다. 예컨대 주님께서 다음과 같이 말씀하신 곳에서 그렇습니다. "내가 진실로 진실로 너희에게 말한다. 아버지께서 하시는 것을 보지 않고서 아들이 스스로 할 수 있는 것은 하나도 없다"(요한 5,19). "나는 내 뜻이 아니라 나를 보내신 분의 뜻을 추구한다"(요한 5,30). "내 양식은 나를 보내신 분의 뜻을 실천하고, 그분의 일을 완수하는 것이다"(요한 4,34). 순종을 표현하는 것은 가장 깊은 본질적 의지와 가장 순수한 생명의 필연성을 나타냅니다. 겟세마니 동산에서 예수님은 "아버지, … 제가 원하는 대로 하지 마시고 아버지께서 원하시는 대로 하십시오"(마태 26,39)라고 말씀하십니다. 그리고 당신은 마지막으로 다음과 같이 말씀하십니다. "아버지, 제 영을 아버지 손에 맡깁니다"(루카 23,46).

이 아들이심이 너무나 활기차서, 우리는 무의식적으로 묻게 됩니다. '그런 식으로 알아들으려면 이 아버지는 어떤 아버지여야 하는가? 그런 순종이 가능할 수 있으려면, 그 순종을 요구하는 분은 얼마나 강한 힘을 지녀야 하는가?'

물론 아직 설명이 충분하지 않습니다. 우선 예수님에게서 스스로 굴복하여 자신을 상실한 채 아들이심에 꼼짝없이 사로잡혀 버린 그런 모습은 찾아볼 수 없습니다. 다시 말해 강력한 아버지의 인격이 예수님의 내면을 압도하는 가운데, 이 인격이 아들의 태도 안으로 밀고 들어가 자리를 차지하는 식으로 예수님의 삶이 이루어진다고 결코 말할 수 없습니다. 만일 그렇다면, 예수님의 삶은 유아처럼 미성숙한 상태에 머물렀을 것입니다. 오히려 예수님의 전 존재와 태도에서 우리는 그분께서 보여주시는 놀라운 자유로 들어서게 됩니다. 예수님은 이 자유 자체를 전적으로 확신을 갖고 느끼기 때문에, 예수님 안에서 자유는 그 자체로 순종적이면서도 힘이 있지만 고요한 상태로 있습니다.

이렇게 본다면 하느님의 계명도 우리가 단순히 지켜야 할 의무가 아니라 참으로 경외로 가득 찬 것일 수밖에 없습니다. 이토록 그분 안에 있는 고귀함은 그 크기를 가늠하기 어려울 정도로 드넓습니다. 이 아버지의 뜻이 얼마나 귀중한지, 우리가 "예수님"이라고 부르는 그분은 아버지의 뜻을 행하는 것이 당신에게는 양식이자 음료라고 말씀하실 정도였습니다! 이렇게 예수님의 마음속에서 아버지와의 친밀한 일치가 이루어질 수 있다면, 이 아버지는 우리에게도 얼마나 가까이 계시겠습니까!

여기서 예수님이 보여주시는 순종은 너무 위대해서 순종 자체입니다. 이는 마치 하느님의 계명이 형식적인 것이 아니라 본래 의미의 계명 자체인 것과 같습니다. 그분은 온전히 신적 자의식으로 가득 찬 말씀으로 스스로를 주장하십니다. "그분(아버지)께서 하시는 것을 아들도 그대로 할 따름이다"(요한 5,19).

요한복음 서문은 다음과 같은 말씀으로 끝맺습니다. "아무도 하느님을 본 적이 없다. 아버지와 가장 가까우신 외아드님 하느님이신 그분께서 알려주셨다"(요한 1,18). 이 구절은 같은 서문의 첫 구절, 곧 "한처음에 말씀이 계셨다. 말씀은 하느님과 함께 계셨는데 말씀은 하느님이셨다"(요한 1,1)라는 구절을 다시금 수용하고 더욱 심화하여 말씀 안에서의 친밀함이 어느 정도인지 보여줍니다.

이 서문의 첫 구절과 마지막 구절은 "아버지, 제 영을 아버지 손에 맡깁니다"(루카 23,46) 하신 예수님의 마지막 말씀에서 확증됩니다. 이렇게 아들로서 아버지와 가지는 깊은 친밀함이 예수님 안에 있었고, 그리하여 예수님이 명시적으로 하느님에 대해 말하지 않은 곳에서도 아버지를 느끼게 해주었습니다.

그리스도가 우리에게 분명하게 드러나면 드러날수록, 아버지는 우리에게 점점 더 가까이 다가오십니다. "나를 본 사람은 아버지를 본 것이다"라는 고별 담화의 말씀은 이 점을 뜻합니다. 하지만 이 사안은 분석적으로 머리를 쓰는 심리학적인 문제가 아니라, 내적 친교 곧 기도의 문제입니다.

제2부

요한이 전하는
첫째 서간의 말씀 묵상

들어가는 말

성경 구절들을 중요한 것과 중요하지 않은 것, 멋진 것과 볼품없는 것으로 구분하여 등급을 매기는 것은 그리 의미가 없습니다. 성경의 각 부분은 따로 떨어져 있지 않고 항상 하나의 전체를 이루어서 하느님이 쓰신 말씀으로 의미를 지닙니다. 그럼에도 성경의 각 권 또는 특정한 부분들을 특별히 존중하며 이름을 짓는 것은 기꺼이 허용됩니다. 가령 창세기의 첫 번째 장을, 하느님이 어떤 의도로 인간 존재를 만드셨는지를 기록한 증거 자료로 부를 수 있으며, 또 주님의 기도를 아버지의 모습이 분명하게 드러나는 기도라고 명명할 수 있을 것입니다. 사도행전도 사도들이 온갖 열성을 다해 전한 구원의 기쁜 소식으로 부를 수 있습니다. 그 가운데서도 가장 고유한 방식으로 그만의 깊이와 내면성을 서로 연관시킨 성경의 책이 무엇인가를 묻는다면, 사도 요한의 첫째 서간이라고 할 수 있습니다. 이 편지는 저자의 수십 년에 걸친 기억과 기도에 근거하며, 그리스도교 전통에서 '목격자'라고 불리며 마지막 저녁에 예수님의 품에 안겨 있던 한 남자의 목소리로 말합니다.

 이 서간은 비록 짧지만 흘러넘칠 정도로 풍부한 의미를 담고 있습니다. 우리는 이러한 풍부한 의미를 바탕으로 몇몇 말씀을 선택해서 신앙적인 면에서 숙고할 것입니다. 그 다음에는 독자 스스로 이 말씀들을 파악할 수 있기를 바랍니다. 특히 첫 번째 묵상은 이 서간에서 요한이 어떤 식으로 생각하는지를 서술하는데, 여기서 요한이 무엇을 말하려고 하는지를 곰곰이 생각해본다면, 독자는 생생한 말씀의 의미를 발견하게 될 것입니다.

하느님의 현현

사도 요한의 첫째 서간은 1세기가 끝날 무렵에 기록되었습니다. 하지만 정확한 저술 시기는 알 수 없습니다. 이 서간은 사도 바오로가 로마의 그리스도인 공동체를 위해 쓴 것처럼 구체적인 수신인을 염두에 둔 것이 아니라, '보편적인' 청자 곧 소아시아의 그리스도인들에게 읽힐 목적으로 쓴 '가톨릭' 서간에 속합니다.

이 서간은 현재의 구분에서 5장밖에 되지 않을 정도로 분량은 많지 않지만, 생생히 살아 있는 진리로 가득 차 있습니다. 이 서간을 펼쳐서 읽는 곳 어디서나 우리는 늘 벅찬 감동을 주는 말씀을 만나게 됩니다. 그 때문에 이 서간에 나타나는 요한의 생각이 독자의 정신과 마음에 영향을 미칠 수 있게 됩니다. 요한은 자신만의 고유한 필체로 서간을 쓰고 있기 때문에, 근본적으로 독특한 색깔이 나타납니다. 일반적으로 이어지는 연속되는 생각들이 생동감 있게 움직임으로써, 모든 문장은 앞 문장으로부터 이어받아서 다음 문장을 준비합니다. 이렇게 해서 단순하면서도 분명하게 드러나는 연결 고리가 전체를 관통하며 진행됩니다.

  하지만 여기서 우리는 생각과 생각 사이에 거듭 나타나는 어떤 빈 공간을 느끼게 됩니다. 그래서 왜 현재의 생각이 앞선 생각에 꼭 연결되는지, 왜 꼭 중간에 삽입된 문장을 통해 앞뒤 사이의 연관을 만들어내야 하는지를 묻게 됩니다. 이러한 물음은 그 글 전체에 특별한 종류의 일관성이 있다는 것을 보게 될 때까지 계속됩니다. 이러한 일관성을 보는 것이 바로 관조Kontemplation입니다. 생각은 내면 깊은 데에서부터 올라와 잠깐 펼쳐졌다가 다시 가라앉습니다. 그다음에는 새로운 생각이 올라옵니다. 이렇게 사유는 영적인 움직임이 물결처럼 일렁이면서 서로를 따라가듯 움직입니다. 따라서 독자가 올바로 글을 읽기 위해서는 사유의 각 물결이 만들어내는 이러한 움직임을 주의 깊게 따라가야 합니다. 이를 위해서 그림과 같은 어떤 표상이 필요한데, 이 표상은 쉴 새 없이 흐르는 강물이 아니라, 깊은 곳에서부터 나와서 다시 거기로 돌아가는 바다와 같습니다.

이 서간을 쓴 사도는 그리스도교에서 귀중한 분으로서, 특히 중세 시대에 무척 사랑받았습니다. 이와 더불어 사도를 그린 예술가들의 그림에서 볼 수 있듯이, 사도의 고유하고 특징적인 모습은 사도의 본질을 드러내는 특정한 요소로 각인되었습니다.

무엇보다 이 사도는 제자로 알려졌습니다. 이 사도는 주님을 만난 사도들 가운데 실제로 제일 마지막까지 남았던 요한입니다. 더욱이 사도 요한을 본질적으로 나타내는 특징은 열정적이며, 대담하고 진취적인 모습이었습니다. 근거가 없지는 않지만 요한에게는 독수리의 상징이 부여되었습니다. 더 나아가서 요한이 모든 사도들 가운데 가장 오래 살았으며, 자신의 영적 표상을 우리에게 전해준 작품들이 사도의 생애 마지막에 집필되었다는 것도 기억할 필요가 있습니다. 우리가 이 사도의 작품들을 읽어본다면, 사도가 당신 스승의 모습을 어떻게 나타내는지, 그리고 시간이 흐른 다음 사도의 회고를 통해, 또 사도 자신의 오랜 내적 기도와 깊이 스며든 묵상을 통해 기쁜 소식을 어떻게 드러내어 표현하는지를 알게 됩니다.

사도 요한의 본질을 나타내는 두 번째 요소는 요한복음에서 묘사된 모습을 통해 결정적인 형태로 드러납니다. 여기서 사도는 '사랑받는 제자'로 각인됩니다. 사람들은 사랑을 감성적인 의미로 이해하는데, 그 사도에게서는 친밀하고 부드러운 인격이 뿜어져 나옵니다. 이는 우리가 흔히 예술 작품에서 느끼는 것과 같습니다. 하지만 이 점을 사도 요한의 본질로 생각하는 것은 무리가 있는데, 그것은 그가 무척 강인한 성격을 지녔던 열정적인 인간이었기 때문입니다. 이런 기질 때문에, 요한은 예수님의 열렬한 추종자가 될 수 있었을지도 모릅니다. 복음서의 많은 구절이 이 점을 보여 줍니다. 하지만 여기서는 예수님께서 당신의 제자들과 함께 사마리아를 여행한 것을 보도한 점에 대해서만 생각해 봅시다(루카 9,51 이하).

당시에도 이스라엘 주민들과 유다 주민들 사이의 해묵은 갈등은 여전히 해소되지 않았습니다. 그 때문에 사마리아를 통해 유다로 가는 여행자들에게는 나그네에 대한 환대가 거부되기도 했습니다. 실제로 사마리아의 한 마을도 주님을 거부했습니다. 이런 상황에서 야고보와 요한이 다음과 같이 묻습니다. "주님, 저희가 하늘에서 불을 불러 내려 저들을 불살라버리기를 원하십니까?" 이 질문에서 받는 느낌은 분명 부드러운 사랑이 묻어나지 않습니다. 하지만 복음서는 이 질문에 대해 예수님이 "돌아서서 그들을 꾸짖으셨다"라고 보도합니다. 다른 여러 종류의 전승 문헌에서도 다음과 같이 전합니다. "너희가 지니고 있는 영이 누구의 것인지 너희는 모른다!" 요한이 예수님의 제자가 아니었다면, '그의 영'은 사랑받는 제자와는 전혀 다른 어떤 것이 되었을지도 모릅니다. 하지만 사랑에 대한 요한의 기쁜 소식이 진정으로 의미하는 바를 우리는 보게 될 것입니다.

서간의 시작 부분에서 요한은 다음과 같이 말합니다. "처음부터 있어 온 것, 우리가 들은 것, 우리 눈으로 본 것, 우리가 살펴보고 우리 손으로 만져본 것, 이 생명의 말씀에 관하여 말하고자 합니다. 그 생명이 나타나셨습니다. 우리가 그 생명을 보고 증언합니다. 그리고 여러분에게 그 영원한 생명을 선포합니다. 영원한 생명은 아버지와 함께 계시다가 우리에게 나타나셨습니다. 우리가 보고 들은 것을 여러분에게도 선포합니다…"(1요한 1,1-3).

우리는 이 말씀을 들을 때, 같은 사도 요한이 쓴 복음서의 도입부에서 가리키는 것과는 다른 무엇을 감지합니다. 요한복음은 다음과 같이 시작합니다. "한처음에 말씀이 계셨다. 말씀은 [하느님 가까이에서] 하느님과 함께 계셨는데, 말씀은 하느님[자신]이셨다. 그분께서는 한처음에 [하느님 가까이서] 하느님과 함께 계셨다"(요한 1,1-2).* 그리고 요한복음 머리글의 맨 끝에서는 다음과 같이 말합니다. "아무도 하느님을 본 적이 없다. 아버지의 품 안에 계시던(한글《성경》에서는 "아버지와 가장 가까우신") 외아드님, 하느님이신 그분께서 알려주셨다"(요한 1,18).

여기서 "한처음"이라는 말은 어떤 것이 시작한 시간적 시점을 의미하지 않고, 하느님은 온갖 생성과 소멸에서 벗어나 살아 계시다는 의미에서 '본래적인 있음', 곧 영원성을 말합니다. 이 영원 속에 "말씀"이 계셨고, 더욱이 이 말씀은 "[하느님 가까이에서] 하느님과 함께 계셨습니다." 하지만 마지막에 그리스어로 '로고스'인 "말씀"의 표지는 "아들"을 가리키는 것을 넘어서 나아갑니다. 말씀은 "하느님과 함께" 또는 "하느님 가까이에서 계셨"지만, 다음과 같이 내적

---

* [ ] 안의 글은 한글《성경》에는 없으나, 원문에 있는 부분이다.

인 진술로 심화됩니다. "말씀은 아버지의 품 안에", 곧 아버지의 가슴속에 "계셨습니다." 여기서 우리는 무의식적으로 복음의 한 구절을 떠올리게 됩니다. 최후의 만찬을 묘사하는 이 구절은 "제자 가운데 한 사람이 예수님 품에 기대어 앉아 있었는데, 그는 예수님께서 [특별히] 사랑하시는 제자였다"(요한 13,23)라고 보도합니다. 여기서 우리는 사도 요한이 체험했던 것, 곧 하느님이 가까이 계시다는 것이 무엇을 의미하는지를 느끼게 됩니다.

앞에서 사도 요한이 쓴 말씀들은 하느님의 내적 생명의 신비에 대해 말하고 있습니다. 구약성경의 저자들은 다소 주저하면서 이 신비를 가르치는 반면에, 요한은 이 신비를 하느님의 유일성의 관점에서 분명하게 구분합니다. 요한은 이 구분되는 것을 "말씀", "로고스"라고 부릅니다. 이로써 동시에 말씀을 발설하는 분도 두드러지게 됩니다. 말하자면, 한 분은 발설된 하느님이시고, 다른 한 분은 발설하시는 하느님이십니다. 요한은 결론적으로 후자를 "아버지"로, 전자를 "아들"로 부릅니다. 복음서 머리글의 시작에서 요한은 "말씀은 하느님[발설하시는 분]과 함께 계셨다"라고 말하는 반면에, 그 끝에서는 "아들은 아버지의 품 안에 계셨다"라고 말합니다.

여기서 우리에게 잠깐 허용되는 아버지와 아들에 대한 신비는 모든 신비 중에 최고의 신비입니다. 우리는 이 신비에 대해서 쉽게 말할 수 없습니다. 우리는 감히 인간의 생각으로 이 신비를 설명할 엄두도 내지 못합니다. 그럼에도 경외심을 가지고 이 신비가 말하는 바에 조금이나마 가까이 다가가 봅시다.

하느님은 한 분이시며 유일한 분이십니다. 다른 어떤 신도 감히 하느님과 함께 어깨를 나란히 하지 못합니다. 하느님과 연관하여 '다른 어떤 분'을 말한다는 것은 무의미합니다. 그것은 '하느님'이라는 이름이 본질적으로 유일하게 한 분이신 '그분'을 의미하기 때문입니다. 구약성경은 한결같이 한 치의 양보도 없이 이 근본 진리를 엄격하게 모든 신앙인에게 각인시켰습니다. 그러나 구약성경에서 말하듯이 하느님은 홀로 계시지 않습니다. 당신과 같지 않은 것은 지닐 수 없으신 하느님 안에 '나'가 있고, 나와 다른 '너'가 있습니다. 어떻게 그럴 수 있는지는 우리로서는 알 수 없으며, 하느님에게서 창조된 생명으로부터 기인하는 그 어떤 표상이나 이에 상응하는 것들도 도움이 되지 않습니다. 이러한 것들은 매우 신중하게 받아들여져야 할 단순한 암시로써, 진리를 분명하게 드러내기보다 오히려 숨길 위험이 있습니다. 하느님의 말씀은 하느님 안에 '나'가 있고, '너'가 있으며, 나와 너가 이루는 순수하고 내밀한 공동체가 있다고 우리에게 말해줍니다. 하느님의 말씀은 이 거룩한 진리를 "아버지", "아들"로 부르며, 우리는 신앙의 경외심으로 이 진리를 어렴풋이 말할 수 있을 뿐입니다.

요한복음의 서문은 아버지와 아들에 대해서만 말합니다. 반면에 요한복음의 고별 담화에서는 아버지와 아들이 이루는 공동체 깊숙한 곳에 살아 계시는 분, 곧 성령에 대해 말합니다. 이 성령께서는 '아버지께서 예수님의 이름으로' 보내신 분이며, 예수님 자신이 이분을 '아버지로부터 보내셨습니다'(요한 14,16; 16,7). 하지만 이 영이 하느님 안에서 하신 일을 우리는 성령강림 사건에서, 또 인간 안에서 일하시는 성령의 작용으로부터 짐작하게 됩니다. 말하자면 성령강림을 통해 성령께서는 그리스도께서 신앙인들의 마음 안에 계시도록 작용하십니다. 이러한 신비로운 사건에 대해 바오로 사도는 다음과 같이 말합니다. "이제는 내가 [나로서] 사는 것이 아니라 그리스도께서 내 안에 사시는 것입니다"(갈라 2,20). 바로 이 구절에서 우리가 더 나아가 생각할 수 있는 것은, 그리스도께서 비로소 전적으로 성령 자체가 되셨다는 점입니다. 이 성령께서는 하느님이 뜻하셨던 분이십니다. 그 때문에 하느님 자신 안에 있는 영의 작용을 우리도 알기 시작합니다. 다시 말해 성령께서는 아버지가 아들에게서 아버지가 되게 하시며, 아들이 아버지에게서 아들이 되게끔 만드시는 거룩하고 살아 계신 분이십니다. 이 세 분은 어떤 혼합도 없이 공동체를 이루시며, 그와 동시에 어떤 분열도 없이 각자의 고유성을 유지하십니다.

이제 요한은 더 나아가서 다음과 같이 말합니다. 영원으로부터 "말씀"이요 "아들"이라고 불리는 분께서 우리에게 오셨습니다. 그분은 '세상 안으로 오셨으며', '세상 안에 계신' 분이시며, '그분 안으로 고유한 것(=참빛)이 들어왔습니다'(요한 1,9-11). 이 성경 말씀은, '모든 것을 만드신' 분, 곧 창조주처럼 그분이 세상에 오신 것은 아니라고 말하려 합니다. 창조주 그분에 대해서는 요한 1,3에서 이미 말하고 있습니다. 하지만 9-11절에서는 새로운 사실을 계시합니다. 그분께서 당신이 창조하신 이 세상에 명백히 드러나는 방식으로 '오셨다'는 것입니다. 1장 3절에 따르면 그분이 첫 번째로 세상 안에 계신 방식은 초역사적이며 근본적입니다. 반면에 9-11절에 따르면 그분이 세상에 오신 방식은 역사적으로 일어났으며, '시간이 찼을 때' 자유로이 발생했습니다. 다시 말해 그분은 인간, 곧 '육체를 지닌 사람이 되셨습니다'(마르 1,15; 요한 1,14).

우리가 지극히 거룩한 이 신비를 인간의 언어로 생생하고 새롭게 표현할 수 있다면 얼마나 좋겠습니까! 하지만 실제로는 이 신비를 무디고 먼지로 뒤덮여서 뿌옇게 된 몇 마디 말로만 표현할 수 있을 뿐입니다. "한처음에", 영원 속에 계시는 그분이 "육肉이 되어" 인간으로, 우리 중의 한 인간으로, 인간 역사의 구성원이 되시어 시간 속으로 들어오셨습니다! 이 엄청난 사실을 강한 호소력으로 표현할 수 있는 신선하고 영롱한 말들을 찾을 수 있다면 얼마나 좋겠습니까! 바오로 사도가 말하듯이, '우리 형제'이신 이분은 낡고 쇠퇴한 역사 과정에서 생겨난 것이 아니라 새로움에서, 새로운 탄생으로부터 나오신 분이기에, "많은 형제 가운데 맏이"(로마 8,29)이십니다. 바로 이런 분께서 우리에게 오셨고,

더 이상 사라지지 않으시면서 우리 곁에서 항상 우리와 함께 계십니다.

이제 특별해 보이는 구절들을 살펴봅시다. 이를 위해 이 구절들을 쓴 이에게 이미 여러 번에 걸쳐 도움을 주었던 생각을 살펴봄으로써 쉽게 다가갈 수 있을 것입니다. 요한은 자신의 내면 깊숙한 곳을 건드린 무엇인가를 분명히 체험했던 것 같습니다. 요한복음 1장에서는 예수님과 제자들의 첫 만남을 묘사하고 있습니다. "이튿날 [세례자] 요한이 자기 제자 두 사람과 함께 그곳에 다시 서 있다가, 예수님께서 지나가시는 것을 눈여겨보며 말하였다. '보라, 하느님의 어린양이시다'"(요한 1,35-36). '하느님의 어린양'이라는 이 표현은 구약성경에서 유래하는 개념으로, 죄를 속죄하는 제물을 의미합니다. "그 두 제자는 요한이 말하는 것을 듣고 예수님을 따라갔다. 예수님께서 돌아서시어 그들이 따라오는 것을 보시고, '무엇을 찾느냐?' 하고 물으시자, 그들이 '라삐, 어디에 묵고 계십니까?' 하고 말하였다. … 예수님께서 그들에게 '와서 보아라' 하시니, 그들이 함께 가 예수님께서 묵으시는 곳을 보고 그날 그분과 함께 묵었다. 때는 오후

네 시쯤이었다"(요한 1,37-39).

여기서 요한은 자신의 마음속에서 결코 잊을 수 없는 무엇인가를 분명히 체험했을 것입니다. 요한은 길을 가면서, 그들에게 말을 건네는 한 인간을 보았습니다. 그런 다음 그들은 그분과 함께 그분께서 묵으시는 숙소로 들어갔습니다. 이때 요한은 이분에게서 평범한 인간 존재를 넘어서는 그 무엇과 마주쳤습니다. 한 줄기 빛이 그의 영혼을 비추면서 말로 표현할 수 없을 정도로 그의 마음을 흔들었습니다. 구약성경에서는 이와 유사한 체험을 발견할 수 없습니다. 하지만 성령강림 사건이 일어나기 전에는 성령께서 아직 이 모든 것을 이해하게 해주시지 않았고 새로운 기쁜 소식을 위해 혀를 풀리게 해주시지도 않았다는 것을 잊지 맙시다. 누가 요한에게 그 만남이 어떤 것이었냐고 물었다면, 아마도 요한은 다음과 같이 답했을 것입니다. '그 만남이 무엇이었는지는 모릅니다. 하지만 나는 그런 만남이 일어나는 그 자리에 있을 것입니다.' 예수님과 매일 함께 보내면서, 지속적으로 그분을 보고 그분의 말씀을 들음으로써 요한의 내면을 건드린 이 첫 번째 체험은 점점 더 심화되었고, 자신의 편지에서 쓰고 있는 것처럼, 거의 60년이 지나

노인이 되고 난 후에야 이 체험을 다음과 같이 말하게 됩니다. "우리 눈으로 본 것, 우리가 살펴보고 우리 손으로 만져 본 것…"(1요한 1,1). 요한은 이것을 두 번에 걸쳐 반복해서 말합니다.

1요한 1,1의 말씀으로 요한은 당시의 소위 '관념주의자들'과 반대 입장에 서게 됩니다. 그들은 로고스를 영원한 관념처럼 생각한 신플라톤주의와 유사하게 이해함으로써 육화를 부정했습니다. 특히 영지주의자들은 영적인 인식을 더 높은 수준의 인식으로 보았기 때문에, 물질이며 파악할 수 있는 사물인 인간의 육체를 선, 빛과는 모순되는 악한 것으로 여겼습니다. 영지주의자들에 의하면, 구원 사건은 영적인 로고스가 '예수'라는 이름을 가진 한 인간을 비춤으로써 이루어지지만, 예수라는 인간이 죽을 때에 로고스는 이 예수를 떠납니다. 오늘날도 많은 사람이 이런 식으로 생각하기 쉽습니다. 이들은 실재를 상징적인 관념으로 해석함으로써 그리스도교의 모든 근본 사실과 이 사실로부터 느끼게 되는 '불편함'을 회피합니다.

이들에 맞서 요한은 말합니다. 로고스는 한 인간 존재의 영에서만 나온 것이 아니라, 오히려 로고스 자체가 '인간이 되었다'는 것입니다. 하지만 요한은 이 표현이 아직 명료하지 않으며 충분히 와닿지 않는다고 생각합니다. 그 때문에 요한은 이어서 이 표현을 다시 다듬어서 로고스가 "살(肉)이 되었다"라고 말합니다. 예수님과 함께 생활했던 요한이 경험한 것은 모든 시대를 통틀어서 항상 새롭게 다가옵니다. 이 경험은, 요한이 느끼고 체험한 어떤 것을 한낱 내적 이미지로 만든 것이 아니라 자신의 눈으로 생생히 '보았고', 자신의 귀로 또렷이 '들었으며', 노를 젓고 그물을 쳤던 손으로 '만졌다'는 것입니다. 요한에게 이 과거의 일들은 성령 강림 때 성령의 빛 속에서 분명하게 와닿았습니다. 다시 말해, 영원한 하느님의 아들이 인간이 되었음을 '현현Epiphanie' 사건에서 체험하게 되었습니다.

'현현'이라는 말은 원래 고대의 황제 숭배에서 유래합니다. 황제는 '구원자sotēr'로 간주되었습니다. 황제가 어떤 도시로 행차할 때, 백성은 격앙된 감정으로, "구원을 비추어 주소서epiphaneia!"라고 외쳤습니다. 이 말은 그리스도교로 유입되며 하느님이 이 지상의 인간 모습으로 신적인 능력과 은총을 드러내 보이신다(=계시한다)는 것을 의미하게 되었습니다. 따라서 우리는 그리스도 안에서 아들에 대해 생각만 하는 것이 아니라 아들을 '봅니다.' 그분의 제자인 우리는 그분을 영적으로 깨달을 뿐만 아니라 그분의 목소리를 직접 '듣습니다.' 우리는 그분을 감각으로 느끼면서 알 뿐만 아니라 심지어 그분을 '붙잡을' 수 있습니다. 요한복음 6장에서 예수님은 당황하는 청중에게, 믿는 이들은 자신들의 육체적인 삶에서 성찬의 신비를 통해 이루어지는, 사람이 되심을 받아들이라고, 다시 말해 당신을 '먹으라'고 요구하십니다(요한 6,57).

이 점이 그리스도교 신앙의 근원이며, 요한은 이 근원을 말하고 있습니다. 요한이 나이가 들수록 신비는 그 안에서 더욱 강하게 성장하고 더욱 심화됩니다. 우리가 이러한 점을 염두에 두고 요한복음을 읽는다면, 요한이 예수님의 모습, 행위, 운명으로부터 '한처음에' 계셨던 아버지의 아들, 영원히 말씀하시는 분의 로고스를 드러내려고 얼마나 애를 썼는지 보게 됩니다. 그렇기 때문에 요한복음이 원래의 복음을 벗어나서 예수님을 사유의 대상으로만 전락시켰다는 주장은 잘못입니다. 오히려 예수님이 돌아가신 후에, 긴 시간을 사는 동안, 요한에게는 '현현'이 의미하는 바가 점점 더 분명해졌습니다.

그런데 여기서 우리를 곤란하게 하는 물음이 등장합니다. '그와 같은 일이 어떻게 일어날 수 있단 말인가? 하느님이 어떻게 이 같은 일을 하실 수 있단 말인가?' 이제 이 물음에 가까이 다가가 봅시다. 이 물음을 체험하는 것은 그리스도교 신앙을 이해하는 데 중요합니다.

어떻게 영원한 하느님이 인간이 될 수 있습니까? 이는, 여러 신화에서 보듯이, 신들이 인간인 여인들과 관계를 맺어서 영웅들을 낳은 후에 이 영웅들을 통해 구원을 이루는 것과는 다릅니다. 이 신화들에 나오는 신의 개념, 인간의 개념, 구원을 가져다주는 영원들의 개념을 비롯해서 그 어떤 개념도 참되지 않습니다. 왜냐하면 우리는 이 모든 개념을 자신 안에 담고 있는 우주의 요소로만 이해하기 때문입니다. 반면에 복음서는 하느님이 사람이 되시는 것을 이런 식으로 이해하지 않습니다. 오히려 구약성경을 통해 1,500년 동안 교육을 받은 그리스도인들은 이를 점차 진지하게 사실로 받아들였습니다. 하지만 어떤 것에도 매이지 않는 당신의 신성한 자유를 보여주시는 하느님이 어떻게 사람이 되시어 영원할 수 있단 말입니까?

    요한은 정신적으로 그리스 사람이 아니었습니다. 그럼에도 로고스에 대한 사상과 보편적인 개념 때문에 오해가 빚어졌습니다. 사실 요한은 구약성경의 정신을 지닌 사람이었습니다. 그렇기 때문에 어떻게 하느님이 사람이 되는 것이 가능한가 하는 물음은 요한의 마음 깊숙한 곳까지 흔들어놓았습니다. 마침내 요한은 이 물음에 대한 답을 찾았습니다. 그 답은 '하느님이 사랑하시기 때문에, 하느님은 사랑하는 분이시기 때문에' 그 일이 가능하다는 것입니다. 그러므로 요한의 첫째 서간 4장 9절에서는 다음과 같이 말합니다. "하느님의 사랑은 우리에게 이렇게 나타났습니다. 곧 하느님께서 당신의 외아드님을 세상에 보내시어 우리가 그분을 통하여 살게 해주셨습니다."

우리는 자주 하느님의 사랑에 대해 말하며 그 사랑을 실천하려고 애쓰는데, 그것은 이 사랑을 알리는 것이 그리스도교 복음의 핵심을 이루기 때문입니다. 그래서 우리는 사랑에 대한 생각을 다시 살펴볼 필요가 있습니다. 요한이 하느님의 사랑을 말할 때, 이 사랑이라는 말은 일반적 개념이 아니라 어떤 이름을 의미합니다. 이 사랑은 너그러운 마음, 선의, 배려, 친절과 같이 우리 인간의 현실적인 삶에 영향을 미치는 것으로서, 단순히 순수하고 위대하며 고유하게만 생각할 수 있는 개념적인 것은 아닙니다. 오히려 사랑은 우리가 사랑에 대해 생각할 수 있는 개념들을 통해 이런 가치 있는 의미를 부여하도록 만드신 하느님의 마음을 의미합니다. 그렇기 때문에 이 하느님의 마음은 우리가 통상적으로 '사랑'이라고 말하는 것을 의미하지 않습니다. 하느님의 마음이 품고 있는 사랑은 오히려 하느님 자신을 통해 그 의미가 입증됩니다. 반면에 우리는 우리 자신으로부터는 그런 위대한 사랑이 있다는 것을 알지 못합니다. 하느님이 우리에게 이런 사랑을 보여주심으로써, 비로소 우리는 그 사랑을 체험하게 됩니다.

모세가 호렙산에서 하느님의 이름을 물었을 때, 하느님이 대답한 내용, 곧 "나는 나로 존재하는 자다"(탈출 3,14: 한글 《성경》에서는 "나는 있는 나다")도 당신의 사랑에 관련됩니다. 이 하느님은 자유로운 주권을 지닌 분으로 계시며 통치하시기에, 그 어떤 피조물도 당신의 이름을 부를 수 없습니다. 그렇기 때문에 우리는 하느님이 당신의 업적을 통해 당신을 계시하듯이, 그렇게 존재하신다고만 말할 수 있습니다. 그분의 사랑도 마찬가지입니다. 이 사랑에 대해서도 그분은 다음과 같이 말씀하실 것입니다. '나로 존재하는 나는 사랑하는 자이다. 곧, 내가 존재한다는 것은 내가 사랑하는 자라는 것이다. 내가 존재하는 방식이 사랑이다. 그 사랑이 바로 나이다.' 이 사랑은 '모든 곳에 존재하는 분'인 하느님에게서 나온 그분의 마음입니다. 하느님은 이 사랑으로 당신 자신을 사람이 되게 하시는 믿을 수 없는 사건을 이루셨습니다. 이 사랑만이 이렇게 할 수 있습니다. 우리는 이 사랑을 감히 생각할 수도 판단할 수도 없습니다. 그럼에도 우리는 생각과 판단을 통해서만 하느님의 이 사랑의 의미가 무엇인지, 이런 사랑이 과연 가능한지 물음을 던질 수 있습니다. 우리의 모든 생각과 판단은 '나는 나로 존재하는 자이다'라고 하느님에게서 나오는 말씀을 믿음으로 듣는 데에서 시작됩니다. 당신의 이 계시 말씀을 통해 하느님은 최고의 존재에 대한 철학적이고 종교적인 개념을 뛰어넘으십니다. 왜냐하면 이 개념이 그분의 고유한 절대성에 포함되어 있기는 하지만, 개념을 통해서는 유한한 것과의 참된 관계를 찾을 수 없기 때문입니다. 성경에서 하느님은 단순히 최고의 존재라는 개념을 넘어섭니다. 생생한 실제 역사와 하느님에 대한 사유를 비로소 연결할 수 있었던 호렙산의 계시에서, 더 나아가서 하느님의 자녀, 형제자매, 친구로 부름받을 수 있기 위한 전제인 그분의 삼위일체적 생명과의 관계에서도 이 점을 볼 수 있습니다.

요한도 이 점을 아주 분명하게 말합니다. "그 사랑은 이렇습니다. 우리가 하느님을 사랑한 것이 아니라, 그분께서 우리를 사랑하시어 당신의 아드님을 우리 죄를 위한 속죄 제물로 보내주신 것입니다"(1요한 4,10). 하지만 그리스도께서 하느님과 이웃에 대한 사랑을 "가장 큰 계명"(마태 22,36)이라고 말씀하셨을 때, 이는 믿는 사람이 은총을 통해 하느님의 마음에 이르러야 하고 그리하여 사랑을 함께 완성해야 한다는 것을 의미합니다. 그 때문에 신학은 당연하게 사랑이라는 '신적인 덕'에 대해 말합니다. 왜냐하면 사랑은 근본적으로 피조물의 덕이 아니라 하느님의 덕이기 때문입니다. 이 신적인 사랑의 덕으로부터 비로소 모든 것이 가능해지며, 단순히 절대적인 존재라는 하느님에 대한 개념에서는 생각할 수 없는 것도 가능해집니다. 이런 이유로 요한은 비로소 사랑의 제자로 불리게 됩니다. 그가 이 점을 경험했기에 우리 구원과 연관된 원초적 신비가 요한의 내면으로 깊숙이 침투했습니다.

사랑이신 하느님의 마음은 하느님이 행하시는 모든 것의 배후에 있습니다. 하느님은 그렇게 사랑하시는 분이시기 때문에, 세상을 창조하셨습니다. 원조의 첫 번째 죄로 하느님의 사랑을 배반한 일이 하느님에게는 얼마나 모독적이었겠습니까! 그러나 하느님이 그토록 사랑하시기에, 그분은 죄인들을 그들 자신의 의지에 내버려두지 않으시고 그들을 구원하려는 의지를 드러내셨습니다. 하느님의 사랑이 이같이 지극하시기 때문에, 그분은 세상 안으로 발걸음을 옮기셔서 사람이 되셨습니다. 결국 모든 것은 우리가 하느님의 이 사랑의 행위를 제대로 이해하는지 여부에 달려 있습니다. 구원된다는 것은 이 사랑 안으로 들어서는 것을 의미하기 때문입니다.

✞ 세상

요한은 첫째 서간의 2장에서 다음과 같이 말합니다. "여러분은 세상도 또 세상 안에 있는 것들도 사랑하지 마십시오. 누가 세상을 사랑하면, 그 사람 안에는 아버지의 사랑이 없습니다. 세상에 있는 모든 것, 곧 육의 욕망과 눈의 욕망과 살림살이에 대한 자만은 아버지에게서 온 것이 아니라 세상에서 온 것입니다. 세상은 지나가고 세상의 욕망도 지나갑니다. 그러나 하느님의 뜻을 실천하는 사람은 영원히 남습니다"(1요한 2,15-17).

이 말씀은 가혹하게까지 들립니다. 세상의 것들이 이토록 부정적이라면, 그리스도께서 기쁘게 사시면서 활동하신 것이 아니라, 오히려 인간에게 가치 있는 것을 경멸하실 수밖에 없었으리라고 말하는 이들이 옳아 보입니다. 하지만 "세상 안에 있는 것"인 사람, 사물, 일, 업적을 사랑하지 않고 우리가 어떻게 살아갈 수 있단 말입니까? '세상에 있는 모든 것'이 단지 감각적 욕망, 특히 '눈의 욕망' 같은 '육의 욕망'일 뿐이라면, 다시 말해, 이러한 것들이 공허한 즐거움과 '삶에 대한 자부심', 곧 자만심과 허풍일 뿐이라면, 이에 대해서 아무리 긍정적으로 생각한다고 해도 소용이 없습니다. 더 나아가서 존재하는 모든 것이 이렇듯 부정적이라면, '욕망을 추구하는 세상'은 가치 있는 의미를 지니지도, 지속적인 영속성을 지니지도 않을 것입니다. 오히려 이 세상은 '지나갑니다.' 그렇다면 세상적인 일을 위해 애쓰는 것은 헛수고일 뿐입니다.

이제 요한복음의 3장을 펼쳐봅시다. 16-17절에는 다음과 같이 적혀 있습니다. "하느님께서는 세상을 너무나 사랑하신 나머지 외아들을 내주시어, 그를 믿는 사람은 누구나 멸망하지 않고 영원한 생명을 얻게 하셨다. 하느님께서 아들을 세상에 보내신 것은, 세상을 심판하시려는 것이 아니라 세상이 아들을 통하여 구원을 받게 하시려는 것이다." 이 구절 역시 요한 1서를 쓴 사도가 썼지만, 여기서는 앞선 서간에서 언급했던 구절과는 다른 느낌을 줍니다.

신적 진리를 탐구할 때 우리가 늘 기억하며 더 살펴봐야 할 것이 있습니다. 곧, 살아 있는 말씀을 생기 없게 만드는 나쁜 습관을 버리는 것입니다. '하느님께서 세상을 사랑하셨다'라고 할 때, 우리는 이 말씀에 진정한 무게를 부여해야 합니다. 그것은 하느님은 이 세상을 정말로 사랑하신다는 점입니다. 이 사랑은 가히 사랑의 척도로도 일컬어지게 됩니다. 다시 말해서 이 사랑은 "세상이 아들을 통하여 구원을 받게" 하시려고 하느님이 당신의 아들을 세상으로 파견하신 그러한 종류의 사랑입니다. 그렇다면 이 사랑이 어떻게 구체적으로 실현되는지 깊이 숙고해봅시다. 하느님은 아들을 세상으로 파견하셨습니다. 하지만 그것은 마치 영지주의자들이 가르치듯이, 이 아들이 외관상 인간의 육체를 옷 입듯이 입어서, 죽을 때에는 다시 이 인간 육체에서 빠져나와 순수한 영의 상태로 되돌아가는 것이 아닙니다. 오히려 아들은 참으로 인간이 되셔서 인간으로 머물러 계십니다. 바로 이 점에서 그리스도의 인간 존재뿐만 아니라, 창조와 관련하여 '아버지의 오른쪽에 앉아 계시는 분'과 '세상'이 의미 있게 드러납니다.

이 점도 진리입니다. 그렇다면 여기서 드러나는 모순은

무엇을 의미합니까? 사도 요한에게서 "세상"이라는 말은 분명히 여러 가지 의미를 지니기 때문에, 우리는 이 의미들을 잘 구분해야 합니다. 따라서 자주 반복해서 나타나는 세상이라는 개념을 좀 더 깊숙이 들여다보기로 합시다.

우선, 성경의 관용적 언어 표현에서 세상이라는 말이 도대체 무엇을 의미하는가를 물을 수 있겠습니다. 근원적인 의미는 성경의 첫 문장에 등장합니다. "한처음에 하느님께서 하늘과 땅을 창조하셨다"(창세 1,1). 히브리어 성경에는 "세상"이라는 말이 따로 없습니다. 이 말 대신에 이중적 표현인 "하늘과 땅"을 사용하여 '세상 전체'를 가리킵니다. 따라서 성경은 "한처음에 하느님께서 세상을 창조하셨다"로 시작한다고 볼 수 있으며, 그다음에 나오는 말씀들은 모두 이 말씀의 빛 아래에 놓입니다.

하느님은 세상을 창조하셨는데, 그분은 홀로 계십니다. 그 밖의 어떤 존재도 이 창조에 은밀히 개입하지 못합니다. 더 나아가서 이렇게 말하는 것이 허락된다면, 하느님이 세상을 창조하셨다는 사실은 당신께서 세상을 책임진다는 것을 의미합니다. 말하자면 창조라는 엄청난 사건은 에너지,

물질, 사물, 존재, 역사적 사건들, 사회적으로 연관된 것들과 법 규정과 같은 모든 것에 관련됩니다. 이 엄청난 사건은 도저히 예견할 수 없을 정도로 밖을 향해 거시적으로 뻗어 나갈 뿐만 아니라, 지난 수십 년 동안 과학이 보여준 것처럼, 안을 향해서도 미시적으로 뻗어 나갑니다. 창조는 그 어떤 곳에서도 천편일률적이지 않으며, 그 어떤 곳에서도 모자람이 없습니다. 오히려 창조는 우리가 항상 그것을 제대로 바라보기만 한다면, 가장 원초적으로 만들어진 형성물의 충만함을 보여줍니다. 성경은 창세기의 첫 번째 창조 보도에서 이 같은 '하느님의 책임'을 말하는데, 위대한 당신 업적을 이루신 후에 그때마다 "하느님께서 보시니 좋았다"라고 쓰고 있습니다. 그리고 창조 보도의 마지막에는 다음과 같이 씁니다. "하느님께서 보시니 손수 만드신 모든 것이 참 좋았다"(창세 1,31).

이것이 의미하는 바는, 이 세상이 하느님의 눈에는 위대하고 귀중할 뿐만 아니라, 그 어떤 흠도 없다는 것입니다.

이제 한 걸음 더 나아가 생각해봅시다. 하느님은, 세상이 실제로 여기 있을 뿐만 아니라, 인간에게도 생생하게 의식되기를 바라셨습니다. 말하자면 하느님께서도 당신이 지어내신 세상을 알고 계실 뿐만 아니라, 인간도 세상의 피조물들을 통해 세상을 알 수 있습니다. 하느님은 이렇게 인간을 창조하셔서, 사물들을 바라보고 그것들의 본질을 이해할 수 있는, 곧 그것에 따라서 세상이 이루어지는 법칙과 그 법칙의 작용으로부터 귀결되는 사건들을 파악하는 능력을 인간에게 주셨습니다. 이 능력을 통해 사물들은 인간의 정신 안에 표상의 형태로 나타납니다. 이렇게 해서 이제 사물들은 인간 정신 안에서 다시 한번 진리라는 형태로 존재하게 됩니다.

더욱이 하느님은 인간에게 이보다 더 많은 것을 주셨습니다. 그분은 인간에게 어떤 것을 경험할 수 있는 능력을 주셨습니다. 우리가 마치 그분의 영광처럼 빛나는 하늘을 바라볼 때면, 위대함과 신비스러움을 느끼게 됩니다. 우리의 마음은 한 송이 꽃에서 아름다움의 형상을 찾아내고 기뻐합니다. 우리는 어떤 사람의 얼굴에서 기쁨 또는 분노를 감지하고 그에 맞는 감정으로 응답합니다. 이렇게 사물들은 다양하게 인간의 마음 안에 나타나며, 여기서 인간은 마음 안의 다양성이 바로 우리 삶의 내용을 이룬다는 새로운 차원의 자각을 얻게 됩니다.

그뿐만 아니라 인간은 판단도 할 수 있습니다. 즉 이것은 이롭고, 저것은 좋으며, 또 다른 것은 아름답다고 말할 수 있습니다. 반대로 이것은 위험하고, 저것은 나쁘며, 또 다른 것은 추하다고 말할 수도 있습니다. 다시 말해, 인간은 사물들을 평가할 수 있습니다. 이로부터 인간은 사물들의 서열을 매길 수 있어서, 이것은 저것보다 더 중요하며, 이것은 저것보다 더 낫다고 말합니다. 이렇게 존재하는 사물들은 인간이 부여하는 가치와 유효성에 대한 평가와 느낌을 통해 새로운 모습을 드러냅니다.

사물에 대한 직접적인 감각으로부터 시작해서, 판단과 이 판단의 귀결을 통해 현명하게 이루어지는 인식을 근거로 인간은 세상에서 생각하고 행동할 수 있습니다. 인간은 자신의 목적에 적합한 사물들, 자신의 삶의 구조에 편입할 사물들을 소유할 수 있습니다. 인간은 자신의 내면에서 바라보았던 바를 가시적으로 서술하고, 자신이 느낀 것을 다른 사람들에게 표현하기 위해 사물들을 눈으로 볼 수 있는 물질의 형태로 모방하여 만들어낼 수 있습니다.

이 모든 것은 인간이 사물들의 실재를 생생하게 만나고

이 같은 만남에서 전체, 곧 하나의 '세상'을 새로운 방식으로 얻는다는 것을 의미합니다. 직접적으로 '있는 그대로' 존재하는 것은 소위 첫 번째 수준의 세상을 형성합니다. 하지만 인간은 자신의 삶을 표현하는 다양성을 통해 이 첫 번째 수준에 맞섬으로써, 두 번째 수준의 세상이 나타납니다. 우리가 계시의 의미를 올바르게 해석한다면, 이 두 번째 수준의 세상이야말로 하느님이 본래 의도하셨던 것임을 알 수 있습니다. 이런 의미에서 여섯 번째 날에 하느님의 업적이 완성되었을 때, 하느님은 인간에게 다음과 같이 말씀하셨다고 생각해볼 수 있습니다. '이제 너는 계속해서 일해 첫 번째 세상에서부터 두 번째 세상을 만들어라!' 아마도 이것은 우선은 단순하게 들리는 계약의 말씀, 곧 인간이 하느님의 창조 세계를 "일구고 돌보게"(창세 2,15) 하셨다는 말씀에 들어 있는 의미일 것입니다.

이 두 번째 세상은 위대하고 아름답게 되어야 합니다. 이에 대한 성경의 표현은 낙원 또는 정원으로 번역되는 '파라다이스'라는 용어입니다. 이 용어는 믿음과 순종으로 하느님과 조화로운 삶을 영위한, 순수한 첫 번째 인간이 사물들과 만났던 인간 본연의 모습을 반영합니다. 성경은 이러한 상황을 가장 아름다운 표상으로 표현합니다. 성경은 훌륭하게 조성된 정원과 같은 남쪽의 세상을 알고 있었습니다. 이 정원은 방벽으로 둘러싸였으며, 맑은 물의 강이 정원을 가로질러 흘렀고, 꽃이 피는 식물들과 열매를 맺는 나무들이 자랐습니다. 하지만 '파라다이스'는 동화에 나오는 왕국도, 게으름뱅이들의 천국도 아니었습니다. 그곳은 하느님이 창조하신 첫 번째 세상에서 유래하는 것으로, 죄가 없었으며 하느님의 은총 안에 살았던 인간이 일군 두 번째 세상이며, 이 역시 하느님이 뜻하신 것입니다. 이 두 번째 세상에서 본래의 순수함을 잃어버린 우리는 세상 안에서 인간 역사의 위대함과 인간이 이룬 업적의 영광이 어떠해야 하는지를 이제 더 이상 상상해낼 수 없습니다.

하지만 이후에 인간은 하느님에게 불순종하며 자기 마음대로 살았고, 그 결과 하느님과 닮은 모상이 아니라 하느님 자체인 원상原象이 되려고 했습니다. 여기서 인간 존재에 혼돈이 일기 시작했습니다. 만일 아직 젊은 사람이 창세기의 이 구절을 읽는다면, 그는 이미 오랜 세월을 살았던 요한으로부터 다음과 같은 말을 들을 수 있을 것입니다.

"혼돈은 우리 삶에서 욕망의 어리석음을 야기하고, 눈이 먼 사람처럼 보면서도 보지 못하게 하며, 대화에서는 진실하지 못하고 행동에서는 폭력성을 가져온다오. 이 같은 혼돈이 인간에게 얼마나 많은 영향을 끼치는지를 인간은 차츰 세월이 지나면서야 비로소 보고 배우게 된다오."

하지만 이러한 인간이 또한 창조도 만나게 됩니다. 이 인간은 부단히 창조와 관계하는데, 바로 이 창조 안에서 자신의 생명이 실행되기 때문입니다. 이렇게 혼돈은 이미 인간의 보는 행위를 통해 인식에 영향을 미치고 있습니다. 우리가 알고 있는 어떤 것, 예컨대 인격성, 예술 작품, 사회적 이념과 같은 것을 골라서 그것이 얼마나 가치 있는지를 알아봅시다. 이렇게 선택한 것을 사람들이 어떻게 바라보는지를 관찰해봅시다. 우리는 사람들이 그것을 처음 쳐다볼 때부터 이미 형성되는 앞뒤가 맞지 않는 모순된 관점에 대해 놀라게 될 것입니다.

   앞서 언급한 동일한 인간이 어떤 것을 판단할 때, 일반적으로 실제 대상에 적합한 판단을 내릴 준비만을 할까요? 이 사람은 이러한 판단에 관계되는 척도를 알고 있을까요? 그

척도를 사용할 능력이 있겠습니까? 한 예로, 이 사람이 어떤 식으로 다른 사람을 판단하는지를 살펴볼 수 있겠습니다. 판단은 분별없이 이루어질 수도 있고, 이 사람의 판단이 자만심, 예민함, 거만함, 질투와 같이 어떤 특정한 감정에서 나온 척도로 이루어질 수도 있습니다.

이렇게 본다면 결국 인간이 하는 일은 허점투성이일 수밖에 없습니다! 문화사를 이야기할 때, 일반적으로는 성공한 것만을 생각합니다. 그렇다면 성공하지 못한 것은 어떻게 될까요? 수포로 돌아간 온갖 계획, 생동하는 인간 능력의 낭비, 권력자의 횡포, 인간 역사에서의 끝없는 파괴와 잔인성, 과대망상증, 환상, 권력이 결합된 광기에 대해 생각해봅시다. 처음부터 혼돈 아래서 모든 것이 현실로 되었듯이, 이 모든 것을 인간은 자신이 이룩한 업적이라고 생각합니다. 지난 수십 년간 일어났던 일만 떠올려보아도 이 점을 알 수 있습니다. 인간 은 [바로 우리일 수밖에 없는데, 그것은 이 인간 속에 우리 모두가 함께 속해 있기 때문입니다] 유한한 시간 속에서 자신의 업적을 이룹니다. 하지만 하느님의 한없는 창조 역사에 비한다면 인간의 모든 업적은 그중 작은 조각에 불과합니다.

이렇게 인간이 이루었다는 업적에서 나타나는 혼란과 파괴는 마구 얽혀 있습니다. 예컨대 인간은 권력욕에 사로잡힌 나머지 하느님의 계명을 인정하지 않기도 합니다. 이 권력욕을 채우기 위해 인간은 '완전한 나라'라고 부를 수 있거나, '순수한 인종' 또는 '보편적인 복지' 또는 '계급 없는 사회'와 같은 우상을 생각해내었습니다. 급기야 이와 같은 것들을 실현하기 위해 인간은 다른 인간들을 억압합니다. 그 결과 폭력에 시달리는 사람들은 두려움, 증오, 복수로 응답합니다. 이 같은 응답은 새로운 폭력, 새로운 간계, 새로운 파괴를 야기하며, 이러한 악순환은 끝없이 반복됩니다. 이 모든 것은 비참한 관계를 만들며, 이러한 비참함은 계속 이어져서 한 사건이 다른 사건으로부터 귀결되며, 또 다른 사건을 예비합니다.

이렇게 세상에 대한 잘못된 관점, 거꾸로 된 판단과 사악한 원의, 혼란과 파괴가 서로 연관된 예는 수없이 많습니다. 이러한 연관 관계는 수많은 사람을 통해, 나라와 민족을 통해 시간이 흐르면서 확산됩니다. 이렇게 이루어지는 어두운 분위기 전체가 요한의 첫째 서간 2장에서 말하는 그 "세상"입니다. 하지만 이 세상은 하느님이 창조하신 세상이 아니며, 태초에 순수한 인간이 만났던 그 창조의 모습에서 유래하는 세상이 아닙니다. 오히려 이 세상은 혼란스럽고 부패되고, 급기야 죄인들에게 내리는 하느님의 재앙으로 상징되는 '죽음'으로 이해하는(창세 3,19) 것에서 끝나는 악한 것과 엮여 있습니다. 요한복음에서는 이것들을 사람이 되신 하느님의 아들을 받아들이지 않는 "어둠"이라고 말합니다(요한 1,5). 성경의 다른 곳에서는 하느님을 거슬러 사탄이 세우는 "나라"로도 묘사됩니다(마태 12,25 이하). 이 세상은 요한복음에서 예수님이 한 번도 그것을 위해 간구하지 않은 세상으로 표현됩니다(요한 17,9). 그렇다면 이 같은 성경 구절들도 이 세상이 하느님이 창조하신 본래의 세상이 아님을 말하는 것입니다. 말하자면 세상을 잘못된 관점으로 이해해서 한쪽 면만 바라보는 편향되고 고정된 시각에 매몰됨으로써, 그 의미를 다른 각도에서 보지 않으려는 것입니다.

앞서 언급한 점을 달리 말하자면, 하느님은 이렇게 불행으로 끝나도록 내버려두지 않으시고 새로운 시작을 이루십니다. 그래서 혼란스럽고, 맹목적이며 어리석은, 악과 파괴로 점철된 현재 모습의 세상 속으로 당신의 아들을 보내셨습니다. 이분은 우리처럼 사람이 되셨기에, 배고파하셨고 목말라하셨으며, 이곳저곳을 옮겨 다니셨고, 수고하셨습니다. 더 나아가서 고통을 당하셨고, 인간처럼 죽음을 맞으셨습니다. 그러나 이분은 이 모든 것에서, 완전한 사랑으로 아버지께 순종하는 하느님의 거룩한 아들이셨습니다. 그 순종을 통해 이분은 선조로부터 무한히 이어져 온 죄의 대가를 대신 치르셨습니다. 이분은 새로운 시작을, 곧 당신의 사랑으로 시작을 새롭게 창조하셨습니다. 그래서 믿음과 순종으로 하느님에게로 향하는 사람들은 모두 새롭게 시작됩니다. 그들은 '물과 성령으로 다시 태어납니다'(요한 3,5). 그리스도로부터 창조된 시작은 이 새로운 사람 안에서 실현되며, 이 사람은 다른 사람을 있는 그대로의 모습으로 만나게 됩니다. 이 같은 시작은 가족, 친지, 공동체의 삶과 인간과 사물들과의 만남에서도 이루어집니다. 이 만남으로부터 '혼돈의' 세상도 나오지만, '새로운' 세상도 나옵니다.

  이 새로운 세상은 옛 세상과 명확하게 분리되지 않고, 새 인간이 믿음을 지닌 옛 인간 안으로 스며들 듯이 옛 세상 곳곳으로 엮여 들어갑니다. 그뿐만 아니라 새 세상은 옛 세상에 수용되며 옛 세상과 투쟁합니다. "세상이 너희를 미워하거든 너희보다 먼저 나를 미워하였다는 것을 알아라"(요한 15,18)라고, 예수님은 고별 담화에서 말씀하십니다. 물론 새 세상은 완전하지 않습니다. 오히려 새 세상은 우리 현존재가 지닌 온갖 부족함 때문에 고통을 겪으며, 부단히 의문에 휩싸이며 파괴되고 약화됩니다. 그럼에도 새 세상은 새롭게 창조하시는 하느님의 힘을 품고 있습니다. 하지만 새 세상은 종종 완전히 가려져서, 그런 세상이 정말로 있는지 의구심을 가지게끔 합니다. 그러나 하느님의 말씀이 새 세상에 대해 알도록 우리를 이끌어주기에, 우리는 믿음으로 새 세상을 붙잡을 수 있습니다.

바오로 사도는 새 세상의 예언자입니다. 깊은 체험에서 나온 말씀을 통해 바오로 사도는 새 인간과 옛 인간의 싸움, 새 인간의 신비에 가득 찬 성장과 실현, 그의 희망과 이전에 성취한 것에 대해 말합니다. 아울러 사물들로 이루어진 세상에서 모든 것이 지니는 의미에 대해서도 말합니다. 로마인들에게 보낸 서간 8장의 말씀을 들어봅시다.

"장차 우리에게 계시될 영광에 견주면, 지금 이 시대에 우리가 겪는 고난은 아무것도 아니라고 생각합니다"(로마 8,18). 이는 그리스도로 인해 새롭게 된 인간에게 일어날 일입니다. 하지만 이러한 영광은 인간에게만 일어나는 것이 아니라 다른 모든 피조물에게도 일어납니다. 만일 누가 그리스도께서 세상을 미워하고 멸시한다고 말한다면, 그것은 잘못된 주장으로, 이렇게 말하는 이가 옛 인간에서 벗어나지 못한 까닭일 것입니다. 사실 참인간으로 사셨던 그리스도처럼, 어느 누구도 세상을 진심에서 우러난 넓은 마음으로 품지 못합니다. 오직 그리스도만이 "하느님의 자녀들이 나타나기를 간절히 기다리고"(로마 8,19) 있는 상황이 환상으로 사라지게 하지 않으십니다. 인간으로부터 모든 것이 완전해질 수 있도록, 다시 말해 모든 것이 "멸망의 종살이에서 해방되어, 하느님의 자녀들이 누리는 영광의 자유를 얻을"(로마 8,21) 수 있도록 피조물은 인간이 완전해지기를 바랍니다.

그러면 그것이 마지막 '세상'이 될 것입니다. 요한은 희망의 빛으로 비치는 묵시록의 끝부분에서 이 마지막 세상에 대해서 말합니다. "나는 새 하늘과 새 땅을 보았습니다"(묵시 21,1). 여기서 새 하늘과 새 땅은 새 세상을 의미합니다.

왜냐하면 "첫 번째 하늘과 첫 번째 땅", 곧 부패한 옛 세상은 "사라지고" 말았기 때문입니다.

이 새로운 세상을 요한은 다시 한 표상을 통해 보고 있습니다. 이 표상은 해를 입지 않은 인간이 만든 세상의 표상으로, 하느님이 시작하신 온갖 아름다움으로 가득 찬 에덴동산, 곧 파라다이스였습니다. 이 새로운 세상의 표상에는 또 다른 특징들이 들어 있습니다. 요한은 이것을 다음과 같이 말합니다. "(나는) 거룩한 도성 새 예루살렘이 … 하늘로부터 하느님에게서 내려오는 것을 보았습니다"(묵시 21,2). 이 세상은 언젠가 완성되어 나타날 것인데, 고대 세계에서는 그것을 완벽한 하나의 '도시국가'로 이해했습니다. 잘 지어진 이 도시국가는 방어할 수 있도록 성벽으로 둘러싸여 있으며 여러 종류의 생명으로 충만한 도성입니다. 하지만 이러한 도성의 형태는 신비로 가득합니다. 이 도성은 아주 넓을 뿐만 아니라 깊고 높으며, 이러한 표현은 도성의 완전성을 상징적으로 나타냅니다. 이 도성은 귀중한 보석처럼 빛납니다. "그 광채는 매우 값진 보석 같았습니다"(묵시 21,11). 여기서 표상은 생기 없이 묘사되지 않습니다. 수정 같은 견고함으로 표현되는 도성의 표상이 가장 생생한 연약한 생명의 표상으로 바뀝니다. 즉시 이루어지는 전환 과정에서 환시도 완성되는데, 이는 다음과 같이 표현됩니다. "거룩한 도성 새 예루살렘이 신랑을 위하여 단장한 신부처럼 차리고…"(묵시 21,2). 성벽으로 둘러싸인 이 도성의 견고함이 사랑하는 인간의 아름다움으로 변화되는 것입니다.

진리의 빛

사도 요한은 첫째 서간 1장에서 우리가 온 힘을 다해야 할 것에 대해 말하고 있습니다. "우리가 그분에게서 듣고 이제 여러분에게 전하는 말씀은 이것입니다. 곧 하느님은 빛이시며 그분께는 어둠이 전혀 없다는 것입니다. 만일 우리가 하느님과 친교를 나눈다고 말하면서 어둠 속에서 살아간다면, 우리는 거짓말을 하는 것이고 진리를 실천하지 않는 것입니다. 그러나 그분께서 빛 속에 계신 것처럼 우리도 빛 속에서 살아가면, 우리는 서로 친교를 나누게 되고…"(1요한 1,5-7).

이 말씀에 깃든 표상은 두 개입니다. 우선 빛에 대한 첫 번째 표상이 전체 사유 과정을 지배합니다. 하지만 이 첫 번째 표상으로 영적인 지평을 보여주는 두 번째 표상이 스며듦으로써, 첫 번째 표상에 특별한 특성을 부여합니다.

우리의 생각과 말은 많은 표상을 품고 있습니다. 그러나 이 표상들이 지닌 타당성과 힘은 서로 아주 상이합니다. 외적인 유사성 또는 인위적인 일치를 근거로 우연히 이루어지는 표상이 많습니다. 그 때문에 표상을 이해하기 위해서는 그 의미가 설명되어야 합니다. 예컨대 흔히 법원 건물 앞에 세워놓았던 여인의 동상을 생각해볼 수 있겠습니다. 눈을 가리고 한 손에 저울을 쥐고 있는 이 여인의 모습은 공정한 정의를 의미하며, 여기서 여인은 피고인을 보는 것이 아니라 법 앞에서 유효한 행위만을 신중하게 검토합니다. 이러한 의미는 동상 자체에서 직접적으로 분명하게 드러난다기보다는 동상에서 표현되는 상징성에 근거합니다. 말하자면 사람들은 대체로 눈으로 보는 것보다 저울로 재는 것이 더 낫다고 생각합니다.

또한 인간의 본질적 근거와 생명의 순수한 만남으로부터 나오는 표상들도 있습니다. 이 표상들을 이해하기 위해서 설명이 필요한 것은 아닙니다. 오히려 이 표상들은 의미를 직접적으로 표현합니다. 말하자면 이 표상들은 인간의 현존재가 해명되고 정리되는 상징들입니다. 요한의 첫째 서간에서 우리는 이러한 표상 두 가지를 볼 수 있습니다.

첫 번째 표상은 빛에 대한 것입니다. 문화사를 살펴보면 일반적으로 이 빛에 대한 표상이 정신을 위한 상징으로 얼마나 유효했는지를 알 수 있습니다. 더 정확하게 말하자면, 이 표상은 정신의 생명을 위한 상징으로 유효합니다. 이 표상이 인식에서 작용할 때, 정신의 생명에 대한 유효한 상징이 됩니다. 표상은 언어 안으로 항상 다시 퍼져 나갑니다. 어떤 것을 이해할 때, '속을 들여다본다'* 고 말합니다. 하지만 오직 빛을 통해서만 볼 수 있습니다. 관찰자가 사건의 의미를 파악하지 못할 때, 그는 이 의미를 "어둡다(=불분명하다)"고 부릅니다. 무엇 때문에, '왜'라는 물음이 관찰자에게 분명해진다면, 그 사태가 그에게 '선명해'집니다. 본질적인 것을 재빨리 파악할 수 있는 사람을 가리켜 우리는 '밝은 머리를 지닌 사람(=영리한 사람)'이라고 말합니다. 독자가 어떤 책을 통해 진리를 잘 이해할 때, 그 책이 '밝게 비춘다(=깨달음을 준다)'고 말합니다. 어떤 것을 인식할 때, 정신이 이 진리 안으로 들어서는 것처럼, 빛이 진리에 대한 표상으로

---

* 독일어 einsehen의 1차적 의미는 '속을 들여다보다'이지만, 일반적으로는 '이해하다. 파악하다. 인식하다'라는 의미를 지닌다.

드러나는 예는 많습니다.

　이제 요한의 서간에 나오는 말씀이 분명해집니다. 인식하는 자의 정신이 빛으로 들어가는 것입니다. 이 정신 주위로 빛이 영적으로 밝아지는 것입니다. 이렇게 밝아진다면 정신은 사물들을 있는 그대로 보게 됩니다. 사물들을 꿰뚫어 통찰하게 된다면, 정신은 사물들을 올바로 보게 됩니다. 사물들을 인식하지 못한다면, 정신은 잘못 보아서, 틀리게 판단합니다. 이렇게 정신의 '운동'은 정신의 행위이며 태도로서, 어두운 곳에서 성취하는 인간의 발자취입니다.

그렇다면 하느님의 생명은 전적으로 빛 안에 있다고 특별히 말할 수 있습니다. 아니, 하느님 자신이 빛입니다. 누군가가 단순히 '빛'이라고 말하고서, 본래 이 단어가 지닌 원천적인 충만함에서 그 말을 생각한다면, 이 단어는 하느님을 의미합니다. 그렇다면 그것은 무엇을 의미할까요?

　이것은 먼저 하느님이 빛의 능력을 지니셔서, 사물들, 사람들, 사건들을 그 근원에 이르기까지 두루 비춘다는 것을 의미합니다. 그 때문에 하느님에게 감추어진 영역은 없습니다. 존재하는 모든 것에서 하느님은 그 본질을 보시며,

어떤 일이 일어나는지 이해하시며, 그 일의 의미를 아십니다. 시편 139편(라틴어 불가타 성경에 따르면 시편 138편)은 이처럼 하느님이 인식하시는 능력과 신비에 대해 말하고 있습니다.

우리 인간이 인식하려고 애쓴 결과, 어떤 대상이나 사건과 만나게 되며, 심지어 인식은 그 안으로 뚫고 들어가려고 합니다. 하지만 대상은 우리의 관여 없이 독립적으로 존재하기 때문에, 인간의 정신은 대상의 외부로부터 안으로 들어갑니다. 이로부터 우리는 어떤 것을 이해할 때까지 그것을 확인하고 비교하고 분해합니다. 반면에 하느님은 사물들의 근원 — 여기서 '근원'이라는 용어는 사물들의 본질의 심연뿐만 아니라 그 원천도 의미합니다 — 에서부터 인식하십니다. 왜냐하면 당신께서 이 사물들을 창조하셨기 때문입니다. 그러나 하느님의 인식이 있고 난 다음에야 그분의 창조가 따라 나오는 것은 아닙니다. 한편 관념론이 생각하는 것처럼, 하느님이 무의식적으로 떠밀려서 세상을 탄생시켰다면, 그때에야 비로소 당신의 눈길을 세상에 주었을 것입니다. 하지만 건축가가 집을 만들 계획을 생각한 다음 비로소 그 계획을 현실화하듯이, 세상은 창조보다 앞서

지 않고, 창조와 동시에 이루어졌습니다. 만일 우리에게 어떤 것을 있게 할 수 있는 사유 능력이 있다면, 그 어떤 것은 실제로 존재하게 될 것이라고 상상해볼 수 있습니다. 이것은 '창조하는 사유'에 해당합니다. 하지만 유한한 존재인 우리는 이렇게 할 수 없습니다. 우리가 그렇게 생각해낸 것은, 그것이 비록 철저히 우리의 전 존재를 뒤흔드는 것이라고 할지라도, 항상 현실로 실현되지 않은 채로 남아 있습니다. 여하튼 이것은 생각하고 상상한 것만은 틀림없습니다. 오직 하느님만이 당신의 뜻에 따라 존재해야 할 것을 생각하셔서 그렇게 되게 하십니다. 이 같은 하느님의 사유는 유한한 모든 존재의 근거입니다.

그 때문에 하느님에게서 존재하는 것은 빛 안에 있습니다. 존재하는 것은 덩그러니 놓여 있는 마네킹처럼 단지 현실 속에 잠자고 있는 감각적인 존재가 아니라, 처음부터 하느님에게 생생하게 살아 있는 것으로 인식되어 있었습니다. 말하자면 존재하는 것은 하느님의 인식에서 나왔고 하느님의 인식을 통해 존재하게 된 것입니다. 반면에 '어둠 속에 볼 수 없는' 원천적 근거로부터 나와서 그저 낯선 존재 안에 감금된 본성이라는 표상이 있습니다. 이 표상은 계시에 반대한 근대의 저항적 사유에서도 나타나는데, 비그리스교적인 사유일 뿐입니다. 하지만 세상은 당연히 존재하는 '본성'이 아니라 그분의 '업적'입니다. 그것도 철저히 본질적으로 그러합니다. 세상은 항상 하느님의 빛 안에 있었습니다. 왜냐하면 존재하는 것은 이 빛을 통해서만 자신의 본모습으로 있으며 실제적으로 존재하기 때문입니다. 존재하는 모든 것이 이 빛을 통해 존재합니다. 나 또한 이 빛을 통해 존재합니다. 이 사실이 한편으로는 놀랍지만, 동시에 위로를 가득 주기도 합니다.

하지만 우리의 사유는 여기서 멈추지 않고 더 나아가야 합니다. 인간을 비롯하여 그 어떤 사물도 존재하지 않고, 나도 존재하지 않는다고 하더라도, 하느님은 모든 것을 인식하시는 분이며, '빛'이십니다. 심지어 그분은 본래적으로 존재하는 분으로서 자기 자신을 인식하시는 분입니다.

그렇다면 자기 자신을 인식한다는 것은 우리에게 어떤 식으로 일어날까요? 솔직히 말해, 우리는 단지 자기 내면의 얇은 층만을 통찰한다고 말할 수밖에 없습니다. 하지만 이러한 통찰 후에 곧바로 무지가 시작됩니다. 예컨대 내가 한 사람을 도와주었다고 합시다. 나는 우선 이것을 특정한 날과 시간에 그에게 어떤 것을 준 직접적인 사건으로 이해합니다. 여기서 끝나지 않고 나는 더 깊숙이 들어가서 '내가 왜 그렇게 했는지' 자문하고 이에 '현실적인 어려움에 처한 그를 거기에서 벗어나게 하려고 했다'라고 대답할 수 있습니다. 그렇다면 이로써 모든 것이 다 설명되었을까요? 더 꼼꼼히 분석해나가면 이 사건의 의미는 더욱 분명해질 수 있습니다. '아니야, 오히려 나는 후일 어떤 일에 도움이 되도록 하기 위해 그를 도와주었어.' 여기서 다시 더 깊이 생각해보면, '사실 나는 자만심에서 그를 도와주었어. 왜냐하면 나는 대단한 사람이고 싶기 때문이야.'

어쩌면 이전과 다른 상황에 놓이게 될 때, — 예를 들어 새벽에 잠이 완전히 깨지 않았는데 밖은 밝아서 햇살에 눈이 부실 때 — 이런 상황에서는 자신이 주장하는 것이 아직 의식적이지 않기 때문에, 오히려 많은 경우 사물들이 뚜렷하게 다가오지 않습니다. 그 때문에 이전과는 전혀 다르게 생각할 수 있습니다. '그래, 나는 복수심 때문에 그를 도운 거야. 왜냐하면 나는 그를 굴복시키길 원했기 때문이야.' 하지만 내가 이 돕는 행위에서 우연히 생각해낸 것이 좋은 것일 수도 있습니다. 말하자면 불의를 완화시키려는 원의에서 한 행위가 될 수도 있습니다. 또는 아직 말하지는 않았지만, 내 운명을 다르게 바꾸는 것에 대한 희망일 수도 있고, 아직 말로 표현해보지 못한 사랑일 수도 있습니다. 이렇게 우리는 어떤 일에서 항상 우리 자신의 고유한 내면 안으로 들어가는 것을 보게 됩니다. 하지만 우리가 보는 시선은 결코 최종적인 근원에는 이르지 못합니다. 우리의 고유한 존재는 우리 앞의 어둠 속에서 상실됩니다. 의식되지 않은 것을 다루는 심리학은 이 어둠 속에 아주 많은 것이 있음을, 다시 말해 이 어둠 속에 세상 전체가 있음을 우리에게 말해줍니다. 하지만 이는 단편적인 예에 불과합니다. 오히려 중요한 점은 어둠 속에서 발생하는 것이 우리의 전 생애를 통해 일어난다는 사실입니다. 반면에 우리 자신에 대해서는 항상 표면적인 것, 부분적인 것, 계층적인 것, 우연적인 것을 파악하여 알 뿐이며, 이러한 지식은 특정 상황을 통해 규정되고, 느낌에 따라 변색됩니다.

　이는 하느님의 경우와 얼마나 다릅니까! 하느님은 당신 자신을 순수하게 보십니다. 그분은 근원에 이르기까지 당신 스스로 매우 밝고 투명한 의식을 지니십니다. 하지만 우리가 처음으로 작정을 하고서 지속적으로 우리 자신에 대해 알아보려고 생각해본다면, 아마도 놀라서 주춤할 것입니다. 이러한 주제에 대한 우리의 사유가 지극히 단조로울 수밖에 없기 때문입니다. 그로 인해 우리를 절망적으로 지치게 하는 권태가 생길 수밖에 없지 않습니까! 그러나 하느님은 영원하시기에 우리처럼 당신 자신에게 지치지 않으십니다. 하느님의 무한성은 그 자체로 무한한 당신의 눈길을 완전히 충족시키기 때문입니다. 하지만 우리는 그것을 파악할 수 없습니다. 그것의 이름은 '영원'입니다.

이제 요한은 '당신이 진리를 찾으려면, 이 하느님과 친교를 나누어야 합니다'라고 말합니다. 그러나 우리는 이것을 정확한 의미로 이해해야 합니다. 사도 요한이 말하는 '진리'는 단순히 일상적 의미의 진리나 과학적 연구에서 말하는 진리 또는 철학적 통찰로 추구하는 진리가 아니라, 계시를 통해 우리에게 알려지는 진리입니다. 곧 이 진리는 아들이 사람이 되심의 진리이며, 예수님을 통해 증언되는 사랑의 진리이고, 예수님의 희생을 통한 구원과 구원으로부터 나오는 모든 것에 대한 진리입니다. 하느님의 이 같은 업적이 인간에게 계시되었다는 것, 인간이 하느님의 이 업적을 믿고 이 업적으로 인해 산다는 것이 진리입니다. 그렇기 때문에 이 진리는 '지금 여기'와 관계하며, 다른 모든 통찰에 우선적으로 그 최종적 의미를 부여합니다.

요한은 다음과 같이 말합니다. '당신이 이 진리를 원하고, 이 진리를 위해 애쓰고, 이 진리로부터 받은 것을 존중한다면, 당신은 우리에게 당신 자신을 계시하신 하느님과 친교를 이루게 될 것이오. 아울러 당신과 마찬가지로 이 진리를 찾는 다른 사람들과도 친교를 이루어야 하오. 그러나 당신이 하느님에 대한 믿음을 거부하려고 생각하는 순간, 당신 안에 있던 거룩한 복음은 떠나버리고 말 것이오. 이렇게 당신이 이 복음의 활력을 멈추어버린다면, 하느님은 당신에게서 멀어져서 낯설어지며, 당신이 정확히 알기를 원하는 다른 사람도 당신에게 멀어져서 낯설게 되고 말 것이오.'

성경 본문에는 두 번째 표상도 들어 있습니다. 하지만 이 표상은 은폐되어 있어서 우리가 이 숨겨진 표상을 찾아내야 합니다. 이 표상은 빛 안에 또는 어둠 속에 있는 우리가

'변화된다'는 말씀 이면에 있습니다.

 우리는 앞에서 인식이 빛과 같은 어떤 것과 관계된다는 것을 보았습니다. 진리 안으로 들어간다는 것은 자명한 것에 도달한다는 뜻입니다. 하지만 인식은 드넓은 자유와 같은 어떤 것과도 관계됩니다. 예컨대 마치 내가 오랫동안 문이 닫힌 방이라는 표상을 이해하지 못한다면, 나는 문이 닫힌 그 방 안으로 들어가지 못합니다. 이 방은 내가 내 안에 <u>스스로를 가두는</u> 드문 체험을 의미합니다. 반면에 나의 인식은 개방되어 있습니다. 물론 이 인식은 단순히 인지하거나 지식으로 받아들이는 것이 아니라 실제로 행하는 통찰입니다. 실제적인 통찰은 나의 정신이 사물의 본질에 직관적으로 침투하는 것을 의미합니다. 말하자면 나는 그 사물을 구성하는 여러 가지 요소가 서로 얽혀 있으며, 그 사물이 자신의 측면에서는 다른 현존재와 연관되어 있다는 것을 보게 됩니다. 이렇게 된다면, 닫힌 방, 곧 내가 그 사물을 이해하지 못하는 나의 폐쇄성뿐만 아니라 그 존재가 이해되지 못하는 그 사물의 폐쇄성이 개방됩니다. 이로써 나의 정신적 지평이 열리게 되고, 확장된 정신 안에서 나는 그 사물과 함께 있으며 나 자신을 인식하면서 움직입니다.

진리로부터 형성되는 이 정신의 넓이는 경이롭습니다. 이 확장된 지평 안에서 우리의 내면은 숨을 쉬고, 우리의 정신은 움직입니다. 가야 할 길들이 분명해지기 때문에, 정신은 이 길들을 갈 수 있으며, 이 길들은 일련의 의미들을 통해 형성됩니다. 이 의미들은 원인과 작용, 목적과 매개, 전체와 부분, 깊이와 높이, 가치와 서열, 본질적 특성으로부터 형성됩니다. 우리의 정신은 존재하는 것을 통해 자신의 길로 나아가며, 사물들이 서로 연관되어 있음을 경험하면서 생명의 모습들을 어렴풋이 알게 됩니다. 반면에 오류는 설 자리를 잃고 숨게 됩니다. 거짓은 묶여 쫓겨납니다. 그럼에도 인간의 간계, 속임수는 여전히 서로 얽혀 있습니다. 그러니 우리가 진리가 아닌 모든 것이 자유를 구속한다는 사실을 통찰할 수만 있다면 얼마나 좋겠습니까!

요한은 이 같은 정신의 넓이가 그 원천을 하느님에게 두고 있다고 말합니다. 하느님 안에는 무지도 오류도 간계도 속임수도 없습니다. 하느님은 그 어떤 편견도 허영심도 독선도 알지 못합니다. 하느님 안에는 오직 명백한 진리만이 있습니다. 아니 하느님은 진리로 '존재하십니다.' 더 정확히 말하자면, 하느님이 '바로 그' 진리이십니다. 따라서 하느님밖에서는 그 어떤 진리도 없습니다. 진리는 하느님이 존재하는 방식입니다. 하느님은 무한하시고 대자대비하시기에, 당신 자신을 전적으로 바라보시며, 당신의 생명이 어떤지를 철저히 알고 계시기에, 당신 자신 안에 그 어떤 한계도 없는 무한한 넓이를 지니십니다.

따라서 요한은 '이 진리를 통해 자유를 향해 나아가라'고 말합니다. 이럴 때 '당신은 자유 자체이신 하느님과 친교를 이루게 됩니다.'

이렇게 해서 우리가 앞에서 말했던 것이 비로소 철학적으로도 관철되었습니다. 이제 요한이 본래적으로 의미하는 명료함과 넓이는 다시 한번 달라집니다. 이 명료함과 넓이는 계시로부터 유래합니다. 진리는 그리스도이시며 그분의 나라입니다. 그리스도를 아는 자는 그분과 친교를 맺고 자유 안에 계시는 그분으로부터 생명을 이해합니다.

누군가 그리스도교에서 말하는 것과 동떨어져 있거나 이것을 아직 진지하게 생각하지 않았다면, 이러한 말을 아마 교의적 월권으로 느낄 것입니다. 그러나 그는 자신이 판단하는 것을 아직 알지 못합니다. '교의dogma'라는 용어를 그 진정한 의미로 이해한다면 이는 신앙이 요구하는 바에 온전히 타당한 것으로서 교의를 이해하는 것입니다. 다시 말해 교의는 어떻게 신앙의 요구가 계시로부터 나오며, 어떻게 교회의 오랜 체험을 통해 명백히 두드러지게 되었고, 어떻게 그 훼손에 대항하여 구별되었는지를 해명합니다. 따라서 분명히 그 어떤 교의적 '월권'도 없습니다. 왜냐하면 신앙 안에 놓여 있는 요구는 하느님으로부터 유래하기 때문입니다. 이로써 교의는 월권을 자행한다는 혐의에서 벗어납니다.

어떤 명민한 사람은 교의가 태양과 같다고 말했습니다. 우리는 계시도 그렇다고 말할 수 있습니다. 이는 마치 태양 자체는 똑바로 쳐다볼 수 없지만, 태양의 빛을 통해 다른 사물들을 볼 수 있는 것과 같습니다. 좋은 말이고, 또한 그것이 옳을지도 모릅니다. 하지만 우리의 본성적인 눈으로 볼 때 계시는 감추어진 신비입니다. 그렇기 때문에 그리스도는 신비이십니다. 아니, 신비이어야 합니다. 인간적인 시각에서 그리스도를 종교적 천재로, 종교의 창시자로, 인간의 친구로 이해하는 것은 실제의 그리스도가 아니라 식자識者들이 만든 작품입니다. 실제의 그리스도는 우리 눈이 태양의 충만한 빛을 똑바로 쳐다볼 수 있는 정도보다 훨씬 보이지 않을 정도로 우리에게 드러나십니다. 하지만 그리스도는 '유일한' 신비이시기에 우리가 우리 자신을 그분과 연관시키는 만큼, 그분의 빛 안에서야 비로소 올바로 보게 됩니다. 이 빛 안에 세상, 역사의 과정, 우리의 고유한 생명이 들어 있습니다.

하지만 심리학적인 온갖 설명에도 불구하고 이 빛은 전혀 이해할 수 없는 것으로 남아 있습니다. 그럼에도 이 빛으로부터 모든 것, 전체, '현존재現存在'가 열립니다. 갇혀 있고 쓰러진 것과 탁 트인 넓은 전망이 다 열립니다. 우리는 비로소 제대로 숨을 쉬며 앞으로 나아갈 수 있습니다.

하느님은 모든 것을 아신다

요한의 첫째 서간 3장에는 우리가 면밀하게 살펴보려는 말씀이 있습니다. 깊은 반향을 간직하고 있는 이 말씀은 다음과 같습니다. "마음이 우리를 단죄하더라도 그렇습니다. 하느님께서는 우리의 마음보다 크시고 또 모든 것을 아시기 때문입니다"(1요한 3,20). 우리가 자주 들은 신비로 가득 찬 이 말씀이 우리를 건드립니다.

첫 문장은 이해하기가 어렵지 않습니다. 이 문장은 우리 마음에서 생기는, '너는 불의한 짓을 했어'라고 경고하는 단죄에 대한 것입니다. 그리고 그다음에 나오는 말씀을 이해하는 데에도 특별한 어려움이 없습니다. 이 말씀은 하느님이 "우리의 마음보다 크시다"라고 말하는데, 여기서 우리의 마음은 우리의 짧은 생각, 우리의 권한이 아닌 판단, 우리 양심의 의혹과 곤경을 의미합니다. 반면에 하느님의 마음은 우리 마음이 겪는 이 모든 것보다 더 넓으십니다. 그렇다면 여기서 우리는 무엇을 바랄 수 있을까요? 하느님은 안절부절못하는 "우리 마음보다 크시다"라고 말한 다음에, 어떤 말씀이 따라와야 할까요? 어쩌면 다음과 같이 말할 수 있습니다. 하느님이 우리를 용서하신다거나 아니면 그분께서 우리의 무지를 알려주는 빛을 비추시어 이 빛의 힘으로 우리가 내면의 곤경을 극복하게 된다고 말입니다. 하지만 이 같은 추측 대신에 우리는 다음과 같은 말씀을 듣게 됩니다. "하느님은 모든 것을 아십니다!"

'단죄'는 개인적이고 윤리적인 특성을 지니고 있습니다. 따라서 마음으로 번역된 그리스어 '카르디아*kardia*'는 사실 '양심'으로 번역되는 것이 더 적절하다고 생각할 수 있습니다. 하지만 1요한 3장의 맥락에서 이 용어가 가지는 윤리적 의미는 특별합니다. 반면 요한이 말하는 '단죄'라는 용어는 이보다 더 포괄적이며 더 깊은, 규정할 수 없는 어떤 것을 의미합니다. 이렇게 본다면 양심보다는 '마음'이라는 용어의 의미에 관심을 기울여야 합니다. 그렇다면 '마음의 단죄'를 어떻게 보아야 할까요?

예컨대 옳게 보이는 어떤 일을 행했을 때, 우리의 마음은 다음과 같이 말합니다. '당신은 다른 의도로 그 일을 행한 것이오. 성가시게 구는 사람이 당신에게 다가왔기 때문에, 당신은 어쩔 수 없이 그를 도와주었소. 이런 행위는 이해타산적이오. 왜냐하면 당신은 주면서도 후에 받게 될지도 모를 도움에 대한 답례를 생각했기 때문이오…. 당신은 그때 올바로 행했고 용감하게 싸웠소. 하지만 당신은 우쭐대었고 명예를 추구했으며 자신을 돋보이게 하려고 했소….'

혹은 어떤 중요한 일을 망쳐놓고, 우리는 '어쩔 수 없었어'라고 변명합니다. 언뜻 보면 이 말이 맞는 것 같습니다. 하지만 우리 마음은 다음과 같이 말합니다. '당신은 정말로 어쩔 수 없었는가? 모든 것이 올바르게 진행되어야 한다고 생각한다면, 당신은 그것을 선한 의지로 결정했는가? 선한 의지가 아닌 것이 끼어들지는 않았는가? 일련의 행동에 혼란을 야기하는 내적 의구심은 없었는가? 사건을 수포로 돌아가게 하고 싶은 숨겨진 원의는 없었는가?'

우리는 나약해져서 다음과 같이 변명합니다. '그런 기질을 가진 게 나야. 우리 가족도 나와 비슷하게 그런 기질을 가졌어. 아버지도 이미 그러셨고, 내 형제도 그런 기질을 물려받았어.' 이에 대해서 마음은 다음과 같이 말합니다. '당신은 정말로 어쩔 수 없는 강요 때문에 그것을 했는가? 그 일이 당신에게 중요했다면, 정말 달리 저항할 수는 없었는가? 늘 그렇듯이 당신은 충동이 가실 때까지 나쁜 짓을 하려고 생각하지는 않았는가? 당신 안에 그런 성향이 있다는 것을 당신 스스로 이미 알고 있지 않은가? 결국 당신은 강요에 못 이겨서 어쩔 수 없이 그런 짓을 하지 않기 위한 수련을 게을리한 것은 아닌가?'

더 나아가서 우리는 하루, 일주일, 생의 일부분에 대해서도 변명거리를 찾습니다. 말하자면 흘러간 시간을 되돌아보고 원래는 그렇게 나쁘게 되지는 않았을 것이라고 생각합니다. 하지만 우리의 마음은 다음과 같이 말합니다. '당신은 기억 속에 남아 있는 무언가를 떨쳐내었는가? 당신의 깊숙한 의식 속에 가라앉아 있는 것은 무엇인가? 모든 것이 늘 옳지 않다는 가능성을 인정하라. 좀 더 정확히 들여다본다면, 많은 것이 드러나지 않는가? 예컨대 당신이 만나는 사람들과의 관계와 일이 일어나는 과정을 점검해보라. 또 친구와의 논쟁에서 당신이 옳다는 것을 조목조목 따져봄으로써 친구가 대꾸할 말을 잃어버리게 만들었을 때, 그 친구의 얼굴에 나타난 표정을 떠올려보라. 당신의 내면에서 정말로 누가 명백히 옳고 옳지 않다는 특별한 느낌이 일어나는가…?'

이렇게 우리를 불안하게 만드는 것이 무엇인지 묻는다면, 이에 대해 답하는 것은 좀처럼 쉽지 않습니다. 하지만 사태를 정확하게 파악해서 깊이 생각한다면 명료함에 이를 수 있습니다. 하지만 모습을 드러내지 않았지만, 우리를 압박하는 질문들도 여전히 남아 있습니다.

그중의 하나는, 내가 이러한 요구 앞에서 왜 항상 좌절하는가라는 물음입니다. 중요한 사항들을 잊어버리거나, 문제를 해결할 수단을 잘못 선택하거나, 사안의 어려움을 너무 과대평가하지는 않았는가? 아니면, 내 곁에 있지만 내가 꺼리는 사람에게 나는 얼마만큼 책임을 져야 하는가? 그 사람이 겪고 있는 일에 나는 책임이 없는가? 혹시 내가 완전히 다른 방식으로 개입해야 하지 않았을까? 아니면 다시 돌아와서, 이 사람 저 사람과의 만남은 왜 항상 지속되지 않고 끝나버리는가? 우리는 서로 간에 왜 그토록 금방 예민하게 되어서 오해와 비난을 하게 되는가? 이 물음들을 다시 한번 정리하자면, 이미 단단히 쌓아올린 우정과 같은 관계가 왜 그렇게 종종 실망스러울 정도로 금이 가버리는가 하는 것입니다.

이러한 물음들이 대변하는 입장을 설명하려면 '양심'이라는 용어로 압축되는 윤리적 판단만으로는 충분하지는 않습니다. 적어도 이 용어가 오늘날 일반적으로 사용되는 의미로는 충분하지 않습니다. '마음'이 말하고 '단죄'하는 데 있어서, 이 단죄가 복합적이고 종종 불분명하며 심지어 모순적이기도 하여 매우 억압적일 수 있습니다. 이제 요한은 이에 대해 다음과 같이 말합니다. "하느님은 모든 것을 아십니다." 여기서 이 말은 하느님이 일어나는 모든 일을 보시며, 연관된 모든 사건과 관계들을 꿰뚫어 보시고, 복잡하게 얽힌 것을 그 최종적인 근원에 이르기까지 이해하신다는 뜻입니다. 그렇기 때문에 이 하느님의 앎은 우리에게 도움을 줄 수 있습니다.

우선 하느님의 앎을 통해 우리는 진지하게 생각하는데 도움을 받습니다. 우리 각자는 특정한 경우에 무엇이 옳고 그른지를 확실하게 알지 못한다는 것을 경험합니다. 그리고 이 경우에 얼마만큼 책임을 져야 하는지도 판단하지 못하며, 윤리적 과제를 어떻게 시작해야 좋을지 망설입니다. 이런 데에는 다양한 이유가 있습니다. 그중 하나는 진지함이 결여되어 있다는 것입니다. 명료하게 보지 못하는 것은 아주 흔히 그것을 보지 않으려는 것, 그것도 단호하게 충분히 보지 않으려는 것을 의미합니다. 다른 사람에 대한 판단을 아주 빠르게 그리고 단호하게 말하는 사람도 자기 자신에 대해서는 오히려 '아마도'와 '가능하면'이라고 말합니다. 어쩌면 이런 사람이 하느님의 앎과 일치한다면, 더욱 빨리 생각을 정리해서 올바른 판단을 내릴지도 모릅니다. 윤리적으로 혼란스러운 상황들은, 우리가 하느님의 시선에서 모든 것을 볼 준비가 되자마자, 비로소 명백히 밝혀질 때가 종종 있습니다. 그때 나는 그분 앞에 올바로 있고자 합니다. 하지만 올바로 있는 것이, 이런 방식 또는 저런 방식, 아니면 또 다른 방식을 취하기 때문에 나로서는 쉽게 찾아낼 수 없습니다.

패배감이 깊어질 때 마음의 단죄도 가장 심해지는데, 아마도 요한이 본래 의미하는 바가 이런 경우인 것 같습니다. 이 단죄 또한 파악될 수 없을 뿐만 아니라 괴로움을 줍니다. 지나칠 정도의 단죄는 '당신이 그렇게 했다'거나 '그것이 잘못되었다'고 말하지 않고, '모든 것이 잘못되었다'고 말합니다. 그 때문에 인간의 이성이 이 단죄에 대해 대응하기에는 무기력하며, 이성은 겨우 '여기서는 모든 것이 불확실하다'라는 말밖에 하지 못합니다. 의지도 여기서는 별다른 역할을 할 수 없습니다. 모든 것이 가로막혀 있어 어떤 것을 원한다 해도 아무 소용이 없기 때문입니다. 더 나아가서 이 단죄를 통해 사물들도 자기 본래의 의미를 상실합니다. 따라서 그 어떤 노력도 도움이 되지 않아 보입니다. 이렇게 되면 어느 누구도 서로에게 주도권을 쥐지 못함으로써, 각자는 서로에게 적대적인 태도를 지니거나, 아니면 무관심하거나, 그렇지 않으면 표정을 알 수 없는 얼굴 뒤로 자신을 숨기고 맙니다.

또 패배감이 팽배한 곳에서는 많은 것이 뒤죽박죽 엉켜서 진행됩니다. 여기서는 목적도 없는 갈망, 가장 중요한 것을 잃어버렸다는 느낌이 엉켜 있으며, 단순히 어떤 대상에 대한 일시적인 슬픔이 아니라 총체적인 슬픔이 엄습하고, 아름답고 기쁘며 희망에 가득 찬 모든 것이 어둠에 휩쓸려 가버립니다. 따라서 모든 것이 정신적인 주도권을 모조리 무력하게 만드는 내면적인 어려움으로 바뀝니다. 이러한 어려움은 몸으로 느낄 때까지 부담이 될 수 있습니다.

이 같은 상황에서 요한은 말씀을 들려줍니다. 그 말씀은 어떤 것을 시험하고 구분해서, 우울한 상황이라는 어두운 혼란으로 곧장 추락해버릴 근거나 가능성들을 제공하지 않습니다. 오히려 요한은 침울한 상태에 빠져 있는 이들이 거기에서 벗어나 자유로워져서 말씀에 다가가도록 이끌어줍니다.

하지만 이 단죄라는 곤경에서 '하느님은 아신다'는 우리의 생각에 어떻게 도움을 준다는 것인가요? 괴로워하는 사람이 모든 것을 바라보는 분의 시선을 떠올린다면, 단죄는 더 악화되지 않는다는 말인가요? 우리는 이 점을 이해하기 위해 좀 더 살펴볼 필요가 있습니다.

알려는 의지에는 여러 가지가 있을 수 있습니다. 우선 아주 평범한 의지는 알려는 호기심을 뜻하며, 이 호기심에는 아직 부끄러움도 호의도 없습니다. 이 호기심은 우리의 전 생애 동안 계속해서 나타납니다. 인간이 하는 모든 일에는 이 호기심이 어김없이 반영되어 있습니다. 더 나아가 이 호기심은 타인의 개인적 삶에까지 침투해 들어갑니다. 타인의 삶의 모습은 신문과 삽화, 그리고 주간지에 등장하곤 하는데, 여기서는 타인의 불행, 고통, 사랑이 가십거리 정도로 채워집니다. 말하자면 인간의 삶이 세간의 화젯거리로 전락하여 싼값에 팔리는 것입니다. 우리에게는 소중한 것이 이 같은 눈길 앞에서는 가려져 있습니다. 너나 할 것 없이 이런 식으로 타인을 보는 시선을 우리는 결코 엄격할 정도로 충분히 비판할 수 없습니다. 그러나 요한이 '하느님은 모든 것을 아십니다'라고 말할 때, 그 말뜻은 이런 식으로 타인의 사생활을 훔쳐보는 것이 아닙니다. 오히려 요한은 하느님이 인간에게 내면적인 고귀함의 표지로 경외심을 주셨음을 말합니다.

또 다른 알고자 하는 의지는 연구에 정진하려는 연구자의 의지입니다. 이 의지가 참되게 구현될 때에는 가십과 같은 화젯거리와 무관하고, 오직 진리와 관계합니다. 연구자는 있는 그대로 사물을 보려고 하며, 사실과 사실들 간의 관련성, 원인과 법칙을 추구합니다. 이 같은 연구자의 인식 의지는 인간을 위대하게 만들어주며 행복을 가져다줍니다. 이 인식 의지는 사실적이고 냉정하며 감정이 없이 메마르지만, 열정적으로도 될 수 있으며, 그런 다음에는 비범함으로 나가는 토대가 됩니다. 하지만 인식 지성은 자신이 탐구하는 것에 직접 관여하지는 않습니다. 인식 지성은 자신이 탐구하는 것을 자신이 진정으로 관심을 가지지 않은 대상으로 여겨서, 오히려 객관적으로 '이것은 무엇인가?', '어떻게 그러한가?', '왜 그렇게 있는 것인가?'라고 질문을 던집니다. 하지만 우리는 마음의 단죄가 유래하는 가장 내밀한 개인적 사안을 이러한 객관적인 인식 지성의 의식으로 들여오려고 하지는 않습니다.

    세 번째 알고자 하는 의지는 사랑과 결부되어 있습니다. 다시 말해 이 앎은 사랑에서 유래합니다. 이 앎은 경외심을 품고 있고, 온화하고 따뜻합니다. 예컨대 친구는 다른 친구를, 어머니는 자식을 사랑하는 사람은 사랑받는 사람에 대해 알고 있습니다. 이렇게 인식하는 사람은 그가 인식하는 사람을 객관적인 거리를 두고 관찰하는 것이 아니라, 그 사람 앞에서 자신을 마주합니다. 사랑에서 유래하는 앎을 지닌 사람은 "나는 여기 있고 당신은 저편 그쪽에 있네"라고 말하지 않고, "우리는 함께 있기 때문에, 당신의 것은 나의 것이기도 하지"라고 말합니다. 우리에 대한 하느님의 앎이 이러합니다. 따라서 우리가 이러한 방식으로 서로에 대해 안다면, 그 앎에는 하느님이 당신의 피조물, 좀 더 정확하게 말한다면, 당신의 자녀 곧 안아주시는 당신의 아들과 딸에 대해 알고 계신 바가 반영되어 있습니다.

이제 우리는 이와 같은 하느님의 앎을 염두에 둠으로써, 내적 단죄로 고통을 겪는 사람들에게 어떤 도움이 필요한지 더 잘 이해할 수 있습니다. 불안한 마음이 점점 더해지고 죄책감에 사로잡힌 나머지, 자신이 인식한 사물의 상들이 자신 안에서 뒤죽박죽 엉켜서 그 의미를 잃어버린다면, 그런 사람은 자기 자신을 하느님의 앎에 맡겨야 합니다. 이 하느님의 앎은 마치 고요하고 순수한 빛, 따뜻한 친밀감과 같습니다. 그 때문에 우리는 다음과 같이 고백하게 됩니다. '주님, 저는 무지합니다. 하지만 당신은 아십니다! 당신의 앎은 불안에 떠는 제 마음보다 더 크시며, 저의 죄보다 더 크시고, 어둠과 혼란보다 더 크십니다. 그러므로 당신은 사랑이십니다!' 이 사랑으로부터 크나큰 평온이 찾아오기에, 우리의 시선은 더 맑아지고, 우리의 분별은 더 분명해집니다. 그러나 달리 다른 방도가 없다면, 우리는 항상 다음과 같이 말할 수 있겠습니다. '한없는 인내이기도 한 당신의 사랑 안에 모든 것을 받아들여 주소서. 저는 모든 것을 당신에게 맡기며, 당신은 모든 것을 평온하게 하십니다. 때가 되면, 당신은 모든 것이 저와 함께 있음을 가르쳐주실 것이며, 제가 옳은 일을 행하도록 저를 강하게 해주실 것입니다.'

우리는 여기서 한 번 더 말씀 안으로 깊숙이 들어가야 합니다. 사도 요한의 말씀들은 60년간의 생애에 걸쳐 숙고된 생각과 기도로부터 나왔습니다. 우리가 그 말씀들을 자신의 것으로 삼는다면, 그 말씀들은 우리를 본질로 이끌 것입니다. 요한복음은 "한처음에 말씀이 계셨다"라고 시작하는데, 여기 나오는 "말씀"은 로고스로서 하느님의 아들입니다. 이분은 영원한 진리로부터 태어난 것이 아니라, 오히려 이분 자신이 영원한 진리입니다. 그것은 아버지에게서 나온 말씀이신 그분 안에서 하느님의 본질이 인격적으로 열려 있는 빛으로 존재하기 때문입니다. "모든 것이 그분[말씀]을 통하여 생겨났고 그분 없이 생겨난 것은 하나도 없다"(요한 1,3).

이는 모든 사물이 진리에서 나왔다는 것을 의미합니다. 사물들은, 영지주의자들이 말하는 어두운 충동이나, 철학에서 말하는 침묵하는 필연성으로부터가 아니라 생생한 빛처럼 살아 있는 진리로부터 나왔습니다. 우리는 종종 앞의 성경 말씀(요한 1,3)을 다음과 같이 이해합니다. '자연은 나름대로 환경에 적응되었다. 이렇게 적응하는 데서 자연의 지혜를 볼 수 있다. 자연은 충분한 선물을 선사하며 그와 유사한 것을 더 많이 선사한다.' 이와 같은 해석은 매우 의미 있게 들리는 듯하지만, 사실은 공허한 허위에 불과합니다.

자연은 지혜를 지니고 있지 않습니다. 자연은 결코 환경에 적응하지 않으며, 어떤 것을 선사하지도 거부하지도 않습니다. 자연은 결코 인격적인 무엇이 아닙니다. 자연은 어떤 행위의 주체가 서 있는 곳에서 그의 진술에 속하지 않고, 그냥 있는 그대로 거기 존재할 뿐입니다. 그리고 자연은 말하지 못하는 필연성과 연관되어 움직입니다. 오로지 하느님만이 거기서 주체입니다. 더 나아가서 범신론적인 부정확한 주장들을 떼어내기 위해서는, 아직 좀 더 추가되어야 할 점이 있습니다. 곧 하느님은 자연의 주체인 것처럼 계시지 않고, 주님으로서 절대적으로 자연 자체를 넘어서 계시며, 그 때문에 '당신 밖에' 있는 모든 존재자를 넘어서 계십니다. 하느님은 당신의 명료한 진리 사유와 당신의 진실한 사랑으로부터 자연을 창조하셨습니다. 그 결과로 자연은 생겨났고 생기고 있으며, 모든 것이 존재하게 되었습니다. 우리 또한 – 여기서 말하는 각 사람도 – 창조되었으며, 나 또한 그렇습니다!

이렇게 하느님의 앎은 당신 존재의 근원에 맞닿아 있습니다. 나는 철학에서 말하는 것처럼 '존재의 품'에서도, 그렇다고 '자연의 근원'이나, 또 '세계 생성의 과정'에서 나온 존재가 아닙니다. 이처럼 그럴듯하게 들리도록 세련되게 말하는 주장을 액면 그대로 받아들인다면, 우리 수중에는 단지 개념들만 남아 있을 것입니다. 말하자면 달콤한 악마의 맛을 보고 우롱당하는 꼴이 됩니다. 그러나 나는 하느님 진리의 빛에서 나왔습니다.

아우구스티노 학파에서 유래하는 사유를 누군가 제대로 이해한다면, 그는 심오한 진리의 행복으로 가득 채워질 수 있습니다. 아우구스티노는 말합니다. "나는 내 자신 안에서보다 더 참되고 더 현실적으로 하느님 안에 있습니다. 하느님이 나를 생각하는 표상은 순수하고 올바릅니다. 이 표상 안에 있는 모든 것은 선명하게 질서 잡혀 있습니다. 따라서 존재, 행위, 생의 여정은 그 충만한 의미를 지닙니다."

드물지만 이따금 순간적으로 우리는 이 같은 표상을 스치듯이 알고 지나갑니다. 이러한 느낌으로 건드려지는 것이 나의 현존재 배후에 숨겨져 있어서 명백하게 알 수는 없지만, 본래 하느님 앞에서는 좋은 어떤 것입니다. 사실 우리의 현존재는 분열되기 쉽습니다. 오늘은 이런 일이 일어나고, 내일은 저런 일이 일어나며, 여기서는 이렇게 이루어지고, 저기서는 저렇게 이루어집니다. 어느 순간 기쁨으로 충만해지는가 싶다가도, 곧바로 고통이 찾아오는 식입니다. 이렇게 모든 것이 혼란스럽게 뒤엉킴으로써 우리에게 절망을 안겨줍니다. 하지만 이 모든 것의 배후에는 하느님의 사유 안에서 표상의 형태로 있으며, 진리가 이 표상을 비추어줍니다. 이렇게 나의 가장 깊은 내면에서 연유하는 나지막한 희망의 목소리는 다음과 같이 속삭입니다. '그분의 은총이 있다면, 찰나의 순간에 나는 어떤 식으로든 내 표상을 만날 것이며, 온갖 결함과 파괴에도 불구하고 영원한 빛에서 나의 표상과 하나가 될 것이다. 그렇다면 나는 결국에는 참된 모습으로 존재하게 될 것이다.'

이 같은 생각을 통해 우리는 요한이 표현하는 말씀의 의미를 들여다볼 수 있습니다. 이 말씀은 다음과 같이 말합니다. '당신의 마음이 당신을 불안하게 만든다면, 당신이 원래 그랬어야 하는 상태로 있는 것이 없다고 느낀다면, 이런저런 책임감이 당신을 억누른다면, 다시 말해 모든 인간적인 것에 대한 엄청난 연대적 책임을 통감한다면, 당신은 하느님의 앎으로 들어가는 것이오.'

하느님은 '아는 분'입니다. 하느님은 모든 것에 대한, 더욱이 당신이라는 사람에 대한 영원한 사랑으로 모든 것을 알고 계신 분입니다. 하느님은 당신이란 사람 자체를 보여주실 뿐만 아니라, 그분의 영원한 사유와 살아 있는 당신 존재를 구원의 신비 안에서 일치시키십니다. 그 어떤 모습으로든, 그것이 아무리 미천한 존재라도 말입니다. 그렇다면 마음에서 나오는 모든 단죄는 할 말을 잃어버립니다. 이렇게 해서 묻지만 항상 답을 주지 못하고 우리를 가로막은 '왜'라는 질문은 비로소 답을 얻게 됩니다.

하느님의 사랑

여기서는 이미 여러 번에 걸쳐 살펴보았던 주제인 하느님의 사랑에 대해 숙고해볼 것입니다. 사도 요한의 최고 관심사가 하느님의 사랑 외에 어떻게 다른 것일 수 있겠습니까! 그리스도교의 사랑에 대한 복음을 이해하는 것은 중요하기 때문에, 우리는 이 사랑이 무엇을 의미하는가라는 물음에 전적으로 관심을 기울여야 합니다. 먼저 철학적 측면으로 이 주제를 숙고한 다음에 계시의 의미를 깊이 숙고해보겠습니다.

요한의 첫째 서간 4장 7-10절은 다음과 같이 말합니다. "사랑하는 여러분, 서로 사랑합시다. 사랑은 하느님에게서 오는 것이기 때문입니다. 사랑하는 이는 모두 하느님에게서 태어났으며 하느님을 압니다. 사랑하지 않는 사람은 하느님을 알지 못합니다. 하느님은 사랑이시기 때문입니다.

하느님의 사랑은 우리에게 이렇게 나타났습니다. 곧 하느님께서 당신의 외아드님을 세상에 보내시어 우리가 그분을 통하여 살게 해주셨습니다. 그 사랑은 이렇습니다. 우리가 [먼저] 하느님을 사랑한 것이 아니라, 그분께서 [먼저] 우리를 사랑하시어 당신의 아드님을 우리 죄를 위한 속죄 제물로 보내주신 것입니다." 이 구절은 사랑이 어디서 유래하며, 어디서 시작하는지를 묻고 답합니다. 여기에다 추가해서 말해야 할 사항은, 이 하느님의 사랑이 관념적인 사랑이 아니라 '실제적인 사랑'이라는 것입니다. 이 사랑은 신약성경이 의미하는 그 사랑입니다.

요한이 말하는 의미를 한층 더 잘 이해하기 위해서 다음과 같이 상상해볼 수 있겠습니다. 친구 몇 명이 모여 앉아서, 그리스도교의 가르침이 하느님의 사랑에 대해 말하는 것이라면 이 가르침이 무엇을 의미하는지 자신들의 생각을 서로 나눈다고 생각해봅시다. 이 중의 한 명이 말합니다.
"하느님의 사랑은 인간 마음의 가장 깊은 내면에서 유래하며 이 사랑은 고유한 힘을 지니고 있지. 인간은 오랫동안 자기 본성과 싸워왔을 정도로 이 둘은 서로 결합되어 있기 때문에 사랑의 힘은 인간 안으로 침투할 수 없었다고 생각해. 하지만 역사 발전에서 자기 사랑이라는 이기심이 광범위하게 억제됨으로써, 인간의 마음은 자신의 권리와 곤경에서도 타인을 보고 타인에게 책임을 느끼는 자유를 얻게 되었지. 이렇게 해서 우리가 이타주의라고 부르는 것이 성립되며 이것은 이기주의와는 반대로 자아, 곧 자기 자신만을 생각하는 것이 아니라 타인, 곧 다른 사람의 처지를 이심전심으로 생각하는 마음이지."

그리스도교에서 말하는 사랑은 여기서 말하는 이타주의와 완전히 다르지는 않습니다. 다만 이 이타주의가 때가 무르익어서, 자연스럽게 삶에 녹아들고 우선적인 가치가 되고 인간의 이상으로 확대된다면 말입니다. 이타주의가 달리 다른 방식으로 가능하지 않기에, 결국 이타주의는 사랑의 윤리가 완성되는 것을 하느님 안에서 찾았습니다. 이로써 이타주의에서는 하느님을 당신의 순수한 호의로 '타인', 곧 당신의 피조물을 생각하는 분으로 이해했습니다. 나자렛 예수님은 위대한 인격을 지니신 분이었습니다. 예수님은 당신의 인격으로 하느님의 마음과 이 마음에 근거를 두는 하느님에 대한 개념을 가장 순수한 방식으로 체험했고 구체적으로 실현하셨습니다. 그뿐만 아니라 예수님은 하느님의 마음에 대한 말과 가르침, 그리고 종교적 상징을 통해서도 역사적으로 영향을 미치는 표현을 만들어내었습니다. 여기까지의 내용은 앞에서 소개한 대화자 중의 한 명이 1요한 4,7-10의 의미를 요약한 것입니다.

하지만 이제 첫 번째 사람에게 두 번째 사람이 반박합니다. "너는 하느님의 사랑을 완전히 잘못 이해하고 있구나. 왜냐하면 사도 요한은 10절에서 명백하게 '그 사랑은 이렇습니다. 우리가 [먼저] 하느님을 사랑한 것이 아니라, 그분께서 [먼저] 우리를 사랑하셨습니다'라고 말하고 있거든. 그리스도의 복음이 말하는 사랑은 인간의 마음에서 시작하는 것이 아니라 하느님 안에서 시작하는 것으로 이에 대해서 위대한 철학자인 플로티노스의 가르침을 들어 설명해 볼게. 플로티노스에 의하면, 하느님은 무한히 풍부하신 분이며 본질에 있어서 측정될 수 없으며 생명의 힘이 흘러넘치는 분으로 그분은 당신 안에 머물러 계실 수 없어서 흘러넘치는 당신 자신을 밖으로 흐르게 할 수밖에 없어. 하느님은 창조의 시작이 되셨으며, 이 하느님에 대한 표상은 원천이고, 이 원천은 흘러넘침으로써만 존재할 수 있지. 이와 마찬가지로 하느님은 당신 자신을 밖으로 흘러넘치게 하셨고 이를 통해 세상이 성립되었지. 이렇게 선사되는 하느님의 풍부한 사랑은 모든 존재의 원천이고, 세상은 하느님의 충만함이 나누어져서 육화된 사랑과 다르지 않아.

그리고 하느님으로부터 흘러넘친 세상이 자기 자신 안에서 자리를 잡자마자 '원천'을 향해 되돌아가는 상승의 움직임이 시작되고 이 움직임은 모든 사물을 통해 이루어지지. 하지만 인간에게 이 움직임은 의식에서 이루어지는데, 인간은 그로부터 모든 것과 자기 자신도 유래하는 원천을 인식하기 때문이지. 그리하여 인간은 사랑의 자기 전달에 대해 본향의 그리움으로 답하며, 이 그리움의 추구는 정화, 조명, 일치(하나 됨)라는 여러 단계를 거쳐 최초의 근원적 통일성인 일자─者로 되돌아감으로써 이루어지게 돼. 그리스도교 정신의 전달자인 요한은 하느님의 자기 전달에 대한 이 같은 신플라톤주의의 가르침을 예수님의 인격에 연결시켜 예수님의 가르침으로부터 시작해서 이를 발전시킨 것이라 생각할 수 있어."

세 번째 사람은 이 의견에 대해 이의를 제기하며 말합니다. "아니! 그런 생각은 옳지 않아. 플로티노스가 최고의 존재가 지니는 사랑에 대해 말하는 방식을 보면 분명히 이 사랑을 영적으로 이해하고 있지만, 사실은 영이 지닌 본성적 힘의 일종임을 보여줄 뿐, 플로티노스의 하느님은 자유롭지 않아. 원천에서 흘러나올 수밖에 없듯이 사랑은 그러한 원천이기에, 하느님은 당신의 본질의 법칙이 그렇게 요구하기 때문에 자신을 전달할 뿐이지.

그러나 예수님의 말씀과 아울러 사도 요한이 전한 복음에 따르면, 하느님은 전적으로 자유로우시고, 또한 하느님은 본질적으로 주님이시지. 하느님은 세상을 당신 자신에게서 내신 것이 아니라, '무로부터' 창조하셨어 더욱이 하느님은 그 어떤 필연성을 통해서나 당신의 고유한 본성으로부터 강요당한 것이 아니라 당신의 자유로운 의지에서 그렇게 하셨지."

물론 논의가 더 진행되어서, 토론에 참가하는 사람들은 앞선 논의들을 통해서도 풀리지 않는 의문에 대해 말할 수 있을 것입니다. 다음과 같은 물음이 그렇습니다. 이 같은 하느님이 어떻게 세상과 인간을 사랑할 수 있는지. 어떤 동기가 하느님을, 무한히 영원하신 분을, 자기 자신을 향유하시는 분을 유한한 것과 관계하도록 했는지. 전적으로 자유로우신 분과 제한적인 것의 관계가 도대체 어떻게 가능할 수 있는지 등입니다. 필자가 이러한 물음에 대해 숙고한다면, 그 어떤 결론도 내릴 수 없을 것입니다. 가장 확실하게 말한다면, 하느님이 행하신 세상의 창조와 인간에게 당신 자신을 향하게 하신다는 모든 가르침은 결코 파악할 수 없는 어떤 것에 대한 상징일 뿐이며, 우리는 기껏해야 그 앞에서 경외감으로 서 있을 따름입니다.

이제 앞선 물음에 다시 답할 수도 있습니다. 이런 의미에서 네 번째 사람은 이렇게 말할 수 있습니다. "너는 세상의 요구를 다 따를 수 없어. 왜냐하면 세상이 얼마나 넓은지 아직 체험하지 못했으니까. 마르지 않는 우물처럼 세상이 그 형태와 과정에서 결코 바닥을 드러내지 않는다는 것을 아직 의식하지 못한 거야. 세상은 파악될 수 없는 관계들의 촘촘한 그물망을 내포하고 있어. 네가 파악하려는 곳에서 새로운 것과 올바른 것을 언제나 발견하게 될거야. 그래서 학문 연구에는 끝이 없는데, 그것은 질문에 대한 각각의 답이 연쇄적인 새로운 질문의 형태로 나타나기 때문이지."

이 세계는 얼마나 넓은가요! 우리는 지구 위에 있지만, 지구 운동의 중심점에는 태양이 있습니다. 태양과 더불어 우리는 은하계의 체계에서 아주 작은 부분만 차지할 뿐입니다. 전문가들에 의하면, 우주에는 그 크기에 따라 백만 개가 넘는 천체들의 배열이 존재합니다. 그 때문에 큰 천체 안으로 들어가면 항상 더 작은 천체가 나타납니다. 연구가 더 깊이 나아가면 나아갈수록, 연구는 더 섬세해지고 그 연구에서 연결되어 있는 에너지는 더 큰 폭발력을 지닙니다.

하지만 인간은 자신의 작은 몸 안에 모든 것을 다 내포하고 있지 않습니까! 그래서 옛 사람들은 인간을 '소우주'라고 말합니다. 이렇게 해서 세계는 인간을 통해 다시 한번 종합됩니다. 세계의 모든 현상은 인간 안으로 다시 환원되며, 인간의 정신, 영혼을 통해 새롭고 최종적인 형태로 받아들여집니다. 그렇다면 인간이 무엇을 산출하는지에 대해 생각해볼 수 있겠습니다. 이 산출물은 미리 예견할 수 없는 모든 것으로, 인식, 가치, 질서, 창조에 대한 개념에서 표현됩니다. 인간 공동체와 증대하는 정치적 형태와 역사의 끝없는 과정을 생각해보세요. 그런데도 인간이 만든 이 모든 것은 하느님의 사랑에 상응하는 대상을 만드는 데에, 그 크기와 풍부함과 고귀함에 있어서 충분하지 않단 말인가요?

앞서 말했던 대화자가 이 점에 대해 다시 대답할 수 있을 것입니다. "우선 네 말에 깊은 인상을 받았어. 하지만 곰곰이 생각해보면, 네가 원하는 대로 위대한 것들을 쌓고 영광을 증대시키지만, 그럼에도 이러한 것들로는 결코 절대자이신 하느님에게 이르지 못할거야. 본질적으로 그렇게 하지 못하니까. 근본적으로 유한한 것이 상승함으로써 하느님에게 가까이 다가가지만, 엄밀한 의미에서 실제로는 무한자이신 하느님에게 결코 다가갈 수 없거든. 그분께서는 모든 척도와 본질적인 것을 뛰어넘으시기 때문이지. 그런데 어떻게 그분이 당신 자신과 감히 비교될 수도 없는 것들을 사랑할 수 있다는 말이야."

그러나 잊지 말아야 할 것이 있습니다. 하느님은 진심으로 사랑하신다는 사실입니다. 그리스도의 복음이 말하는 바가 바로 이 진정한 사랑입니다. 그렇다면 '진심으로' 사랑한다는 것은 무엇을 의미할까요? 이는 세상에 호의를 지니고 세상이 잘 되기를 바라는 것만도, 사람들이 행복하게 살아가는 것을 기뻐하고 어려움에 처한 사람들을 돕는 것만도 의미하지 않습니다. 사랑의 진심은 예수님의 현존에서 생겨나며, 그 사랑이 사랑하는 사람에게 가장 중요한 것이 될 때에야 비로소 드러납니다. 여기서 진심이라는 말은 우리가 본래 하느님과 더불어 생각할 수 없지만, 이 진심과 관계되는 것에 가까이 다가가게 해줍니다. 그렇다면 이 같은 하느님의 사랑이 어떻게 그런 부적절한 대상을 불러일으킬 수 있다는 말인가요?

그 때문에 필자는 다시 한번, 그리고 더 적합한 표현으로 말할 수밖에 없습니다. 하느님의 사랑이라는 말은 신비입니다. 이 신비는 우리의 파악을 넘어서는 어떤 것을 말합니다. 이렇게 신비는 전적이며 최종적으로 모든 것을 넘어서기 때문에, 우리는 이 신비를 단순히 우리가 생각하는 과정에 포함시킬 수 없습니다. 만일 이 신비가 우리가 사유할 수 있는 형태가 된다면, 우리의 사유가 붕괴되거나, 말을 통해 의미된 본래적인 것으로부터 인간이 알게 되는 수준으로 전락하고 맙니다. 하지만 하느님의 사랑은 우리가 그 앞에서 침묵하고 무릎 꿇을 수밖에 없는 신비로운 어떤 것입니다.

앞선 네 사람의 대화는 우리가 경외와 신앙의 용기를 통해 나아가려고 하는 지점에 이르도록 합니다. 이는 말할 수 있는 것을 진정으로 말할 수 있기 위해서입니다.

어떤 사람이 다른 사람과 좀 더 인격적으로 만난다면, 어떤 일이 벌어질까요? 일반적으로 두 사람이 서로를 알게 되고 관계를 가짐으로써, 서로 공감하고 서로에게 호의를 가지며 서로를 기꺼이 도와주게 됩니다. 그럼에도 이 두 사람 사이에는 항상 벽이 가로놓여 있습니다. 그 벽은 다음과 같이 표현됩니다. '나는 그 사람이 아니고, 그 사람은 나와 달라. 내가 가지고 있는 것을 그는 가지고 있지 않아. 그가 아픔을 느낄 때 나는 그렇지 않아.' 이러한 벽은 개인의 고유성에서 유래합니다. 어떤 고유성은 다른 고유성을 가립니다. 이것은 필연적입니다. 그렇지 않다면 개인의 존립은 불가능해져서, 각자는 다른 사람의 생명 속으로 사라져버릴 것입니다.

하지만 인간이 진심 어린 사랑으로 다른 사람에게 돌아서자마자, 그들 사이에 있는 벽은 희미해지며, 벽이 희미해질수록, 진심은 더욱 순수해집니다. 아픈 아이의 엄마는 이 아이의 아픔은 자신의 아픔이 아니라고 말하지 않습니다.

이 엄마는 오히려 자신이 아픈 것처럼 느낍니다. 친구는 슬퍼하는 자신의 친구를 '그는 내가 아니다'라며 외면하지 않고, 그 친구가 겪고 있는 슬픔을 자신이 직접 겪는 것처럼 느낍니다. 한 남자와 한 여자가 현실의 사랑으로 결합된다면, 그 둘 가운데 한 사람은 다른 사람을 자신처럼 생각할 것입니다. 말하자면 그는 나이기도 한 것입니다. 다른 사람에게 일어나는 일이 사랑하는 사람에게는 자신의 운명과 같습니다. 더 직접적이고 의심할 여지가 없는 더 순수한 사랑은 그 사람의 진심과 마음의 진실함에서 나옵니다.

이제 요한은 계시의 가장 심오한 의미를 말합니다. 이 의미는 하느님에게서 생겨납니다. 하느님은 진심으로 세상과 인간을 사랑하십니다. 그래서 각자는 하느님이 나를 사랑하신다고 말할 수 있습니다.

본래 어떤 진리를 진정으로 표방하는 일에 인격적인 것은 속하지 않습니다. 하지만 요한의 숙고는 묵상에 가깝습니다. 이 숙고는 이론 신학도 아니요, 그렇다고 단순한 삶의 지침을 말하는 것도 아닙니다. 오히려 여기에는 사유와 삶이 서로 엮여 있는데, 화자가 자신의 체험을 근거로 삼아 신뢰를 줌으로써 이러한 상호 엮임을 보증합니다. 그래서 각자는 자신의 개인적인 체험을 말할 수 있게 됩니다.

오랫동안 필자의 머릿속에서 떠나지 않았던 물음이 있습니다. 그것은 하느님이 세상과 인간을 사랑하는 것이 어떻게 가능한가 하는 점입니다. 우리가 "하늘에 계신 아버지를 사랑한다"거나 이와 유사한 말들 배후에 감추어져 있는 감상感傷이나 쉽게 이해할 수 있는 것을 배제하고 떠오른 생각을 진정으로 사유하려고 애쓴다면, 불가피하게 다음과 같은 물음을 제기할 수밖에 없습니다. 영원히 무한한 분이 유한한 인간을 사랑한다는 것이 어떻게 가능하다는 말인가요? 하느님을 배척하는 죄악에 이르기까지 자신의 유한함을 남용한 인간을 어떻게 사랑할 수 있다는 말인가요? 이것이 과연 당연하다고 말할 수 있나요? 이 때문에 하느님의 존엄성이 훼손되지는 않나요? 이와 같은 물음이 더욱 심화될수록, 우리는 그분이 우리를 사랑하기 위해 우리를 결코 필요로 하지 않는다는 것을 배웁니다. 왜냐하면 영원하고 인격적인 사랑은 성부, 성자, 성령 간에 이루어지는 하느님 자신 안에 있기 때문입니다. 그러나 하느님의 통일성과 하나 됨이 없이는 존재하는 모든 것이 산산이 흩어지고 만다는 것을 우리가 어떻게 이해할 수 있겠습니까? 하지만 초세기에 뜨거운 신앙의 열정으로 지키려 했던 이 같은 진리는 하느님이 오직 한 분이시며, 하느님 안에 물음과 답, 낳음과 탄생이 있으며, 진리와 사랑의 공동체가 있다는 사실을 말해줍니다. 그 때문에 하느님은 사랑하기 위해 세상을 필요로 하지는 않으십니다. 그렇다면 우리를 향한 그분의 사랑은 그분에게 어떤 의미가 있다는 말인가요?

저는 우리가 항상 새로운 방식으로 말하려고 결심하지 않는 한, 이 물음이 끝날 수 없다는 것을 경험했습니다. 말하자면 이렇습니다. '당신이 말하는 방식은 틀렸소. 왜냐하면 당신은 하느님에 대해 생각할 때 인간 정신이 만들어낸 '절대적 본질'이라는 척도를 근거로 삼았기 때문이오. 하지만 당신은 하느님이 이러저러한 일을 할 수 있는지 묻지 않아야 하며, 이 때문에 하느님을 철학의 절대자로 생각하지 말아야 하오. 오히려 당신은 계시를 들어야 하며, 이 계시는 당신에게, 하느님이 그러한 일들을 하신다고 말해준다오.' 그분께서 존재하시기에 계시하실 수 있습니다. 그분 앞에서는 모든 것이 영원히 크고 아름답기 때문에, 세상의 모든 것은 그분과 관계합니다. '완전한 절대성'이라 불리는 다른 신은 존재하지 않는 신입니다. 그것은 인간이 개념을 통해 만들었기 때문입니다. 하느님은 세상을 사랑하시며, 인간을 사랑하십니다. 심지어 죄를 범한 인간을 사랑하시니 이는 곧 죄인인 나를 사랑하신다는 것을 의미합니다. 하느님의 사랑은 근원적인 은총으로서 거기로부터 모든 은총이 나옵니다. 우리 존재도 바로 이 은총으로부터 유래했습니다. 믿음은 계시될 수 있는 바를 인간적인 것으로 판단하는 것이 아니라, 그분의 말씀을 듣는 것이며 판단과 같은 사유가 그분으로부터 나오도록 함을 의미합니다.

이 점을 이해하자마자, 우리는 계시에서 참으로 하느님이 그렇게 사랑하신다고 말하는 부분을 발견할 수 있습니다. 그것은 성경 말씀의 표현에 나옵니다. "하느님은 사랑이십니다"(1요한 4,8). 이 얼마나 엄청난 말씀입니까! 그에 비하면, 추상적인 개념들로부터 영원한 본질을 구성하려고 시도하는 플라톤주의는 오히려 왜소하게 여겨집니다. 여기서 '사랑한다'는 것은 이 사람 저 사람이 완수하는, 그리고 하느님도 완수하는 행위가 아닙니다. 오히려 사랑한다는 것은 하느님만이 완수하실 수 있는 행위입니다. 그 때문에 이 행위는 그분의 본질이 당신께 속하듯이 하느님에게만 속합니다. 하지만 하느님 안에서는 존재와 행위 사이에 그 어떤 구분도 없으므로, 하느님은 당신의 행위를 '행할' 뿐만 아니라 당신의 행위가 영원한 생명의 단일성 안에서는 '존재'이기 때문에, 요한이 말하는 사랑은 바로 하느님 자신입니다. 사랑은 하느님의 이름 가운데 하나입니다. 누가 사랑을 말한다면 하느님을 말하는 것입니다.

이것으로 구약성경에서 시작했고 신약성경에서 그 완전한 충만함을 이룬 계시가 말하는 바가 비로소 해명됩니다. 그것은, 하느님이 진심으로 세상을 사랑하는 분이라는 것입니다. 어느 누구도 그 이유를 판단할 수 없습니다. 당신께서 원하시기 때문에 이렇게 사랑하시므로, 우리는 하느님이 이렇게 사랑하시는 것을 찬미할 뿐입니다.

하느님이 원하시기 때문에, 그분은 세상이 사랑의 운명에 속하도록 세상을 당신에게 끌어당기십니다. 이 점을 요한복음에서는 다음과 같이 말합니다. "하느님께서는 세상을 너무나 사랑하신 나머지 외아들을 내주시어, … 세상이 아들을 통하여 구원을 받게 하시려는 것이다"(요한 3,16-17). 하느님의 거룩한 생명에서 나오신 그리스도의 안보다 '운명적인 사랑'이 더 많은 곳은 없습니다. 하느님은 당신의 생명 외에는 그 어떤 것도 우리 안에 흘러 들어가기를 원하지 않으십니다. 그러나 마치 그분이 위험한 인물인 양, 세상과 우리는 그리스도를 살해하지 않았습니까? 심지어 우리는 다음과 같이 말할 수 있습니다. 역설적으로 그분께서 우리를 사랑했음에도 불구하고 이런 끔찍한 일이 생긴 것이 아니라, 이런 일은 그분께서 사랑하셨기 때문에 일어난 것입니다. 그리스도는 '아버지의 뜻을 행하기'(요한 6,38) 위해 이 하느님의 존엄한 사랑의 마음에 이르렀지만, 세상은 이것을 알아보지 못했습니다.

하느님으로부터 우리에게 이르는 이 사랑은 우리 존재의 뿌리까지 스며들기 때문에 우리로부터 다른 사람에게 확산되어야 합니다. 그러므로 요한은 다음과 같이 말합니다. "서로 사랑합시다. 사랑은 하느님에게서 오는 것이기 때문입니다. 사랑하는 이는 모두 하느님에게서 태어났습니다"(1요한 4,7). 영원히 살아 계시는 분과 믿음으로 연결되는 인간 안에서 놀라운 일이 생깁니다. 하느님으로 인하여 인간 안에 새로운 생명이 자라납니다. 이 생명은 유한한 인간의 나약함 안에 주어졌으나, 하느님이 하시는 것처럼 인간도 그렇게 할 수 있게 되었습니다.

어떤 일이 얼마만큼 일어나며, 누가 이 가능성을 얼마만큼 실현시키느냐 하는 것은 또 다른 물음입니다. 하지만 이 물음은 말로 표현할 수 없는 잠재력을 품고 있어서, 공감, 의무, 각자의 삶과 수많은 공동 책임에서도 결코 간과될 수 없습니다. 더 나아가서 이 물음은 세상이 존재하도록 원하셨고 당신께서 이 세상에 애정을 지니셔서 당신을 세상에 주신 그 신비로부터 해명될 수 있습니다. 요한은 이 신비가 '하느님은 세상을 사랑하신다'는 것이라고 감히 말합니다.

이 신비에 토대를 두고 요한은 첫째 서간을 썼습니다. 이제 우리가 이 신비를 얼마나 믿고 있는지, 우리가 그분과 함께 일치에 이르러서 하느님께 부여받은 능력을 얼마나 세상을 향해 드러내도록 애쓰는지가 우리에게 과제로 주어졌습니다. 이 신비는 '옛 인간', '첫 번째 세상'에서 유래하는 온갖 방해에도 불구하고 항상 새롭습니다.

✝ 사랑의 빛

앞선 숙고에서 우리는 빛을 주제로 생각해보았습니다. 우리는 이 빛을 정신의 생명을 위한 비유로 이해했습니다. 더 정확히 말하자면 정신은 이 빛을 통해 진리를 인식하며 이 빛은 정신이 생동적으로 될 수 있는 생명을 부여합니다. 이제 요한의 첫째 서간 2장에서 우리는 다음과 같은 말씀을 발견하게 됩니다. "빛 속에 있다고 말하면서 자기 형제를 미워하는 사람은 아직도 어둠 속에 있는 자입니다. 자기 형제를 사랑하는 사람은 빛 속에 머무르고, 그에게는 걸림돌이 없습니다. 그러나 자기 형제를 미워하는 자는 어둠 속에 있습니다. 그는 어둠 속에서 살아가면서 자기가 어디로 가는지 모릅니다. 어둠이 그의 눈을 멀게 하였기 때문입니다"(1요한 2,9-11).

이 구절의 말씀이 근본적으로 비유적인 것을 말한다는

점에서는 1장과 유사하지만, 어떤 새로운 관련성을 말하는 점에서는 구분됩니다. 이 점에서 우리는 이전에 이미 숙고해보았던 어떤 것, 곧 편지의 사유가 흘러가는 방식에 대해 다시금 주의를 기울이게 됩니다. 편지의 사유는 한 사유의 조각이 앞선 사유를 발전시켜서 다음에 나올 사유를 준비하는 것처럼, 그때마다 미리 짜인 계획에 따라 진행되지 않고, 깊은 곳에서 솟아올랐다가 다시 가라앉는 가운데 새로운 사유가 나옵니다. 그렇기 때문에 언뜻 보면 편지는 체계적이지 않은 듯합니다. 하지만 사실은 그렇지 않습니다. 이 편지도 나름대로 체계적으로 균형 잡힌 형태를 이루고 있습니다. 하지만 이 체계는 겉으로 드러나지 않고 우리가 이 편지를 읽는 중에 갑작스럽게 엄습한다고 느껴집니다. 거룩하고 전능한 실재가 엄습하는 것입니다. 이러한 느낌에서 사유는 고요하게 요동치는 파도처럼 깊은 곳에서 하나의 체계를 이룹니다.

이 같은 체계의 통일성은 다양한 방식으로 표현됩니다. 특정한 말들이 다시 사용되는데, 이것은 그때마다 구원에 중요한 어떤 것을 각인시키기 위해서입니다. 거기다가 성경 본문에서 보자면, 사유는 서로 화답하는 형식으로 진행됩니다. 말하자면 한 문장에서 하나의 목소리가 고양되어 자신의 말을 하게 되면, 이어서 다른 목소리가 등장해서 말하는 식입니다. 하지만 곧 세 번째 목소리가 밀고 들어와서 첫 번째 목소리의 말을 더욱 강조합니다. 이렇게 메아리와 그 반향은 편지를 통해 반영되고 사유는 내적인 조화를 통해 서로 연결됩니다.

서간의 첫 번째 장의 주제는 '빛'이며 그 빛은 진리의 빛이라고 불립니다(1요한 1,5-6). 다른 구절에서도 이 진리의 빛에 대해 말합니다. 그러나 우리가 보고 있는 이 구절에서 다시 등장하는 빛은 이제 '사랑의 빛'으로 나타납니다(1요한 2,9-10). '어둠'은 무엇보다 속이는 것을 의미했지만, 여기서는 미워하는 사람을 의미합니다. 먼저 하느님에 대해 말하고 난 후에, 하느님은 "빛이시며 그분께는 어둠이 전혀 없다"(1요한 1,5)라고 말합니다. 이제 이 점을 요한은 다음과 같이 말합니다. "하느님은 사랑이십니다. 사랑 안에 머무르는 사람은 하느님 안에 머무르고 하느님께서도 그 사람 안에 머무르십니다"(1요한 4,16). 이렇게 각각의 목소리와 그 반향은 서간에 퍼져 나가며 전체를 생동감 있게 만듭니다. 따라서 이 서간을 올바로 읽는 사람은 '왜냐하면'과 '그 때문에' 같은 접속사에 따라 이성적이며 논리적으로 해석하지 않고, 서간의 역동적인 움직임 속으로 자신을 동화시키며 이 움직임과 더불어 삽니다.

그 때문에 사랑은 빛이라고 요한은 말합니다. 하지만 이 사랑이 어떻게 빛일 수 있을까요? 빛이라는 표상을 통해 진리가 표현된다는 것은 쉽게 이해할 수 있지만, 사랑의 경우에는 어떻습니까?

사유의 역사에는 매우 오래된 소중한 전통이 있는데, 이 전통은 진리와 진리의 인식이 사랑으로부터 유지된다고 말합니다. 이미 플라톤의 철학은 이 점에서 자신의 가장 내면적인 힘을 수용합니다. 신플라톤주의에서는 이러한 사유가 더 중요한 역할을 하게 됩니다. 처음에 이 사유는 이 사상 자체와 관련해서 중요성을 지니다가, 그다음에는 그리스도교적으로 전환되면서 그 중요성이 새롭게 부각되었는데, 이 점은 '마음의 빛 lumen cordis'에 대한 이론을 펼친 아우구스티노의 작품에서 잘 드러납니다. 우리가 다루고 있는 요한의 첫째 서간에서도 사랑으로부터 빛으로 나아가는 연관성이 이미 드러나고 있습니다.

중세 시대에는 아우구스티노의 유산을 수용하여 논문과 학문적인 작품들을 통해 중세 고유의 사유를 발전시켰지만, 더 나아가 이러한 사유는 운문적인 방식으로도 발전되었습니다. 이에 대해서는 신앙인이라면 외우다시피 알고 있어야 할 성령강림 대축일의 아름다운 찬가를 들 수 있습니다. "오소서 성령이여! Veni sante spiritus." 이보다 생명을 창조하시는 하느님의 힘을 더 절실하게 표현한 기도는 없을 것입니다. 이 기도의 의미는 두 번째 절에서 밝혀집니다. "우리 마음에 빛으로 오소서! Veni lumen cordium." 그런 다음 다섯 번째 절에서는 혼자서도 입술로 중얼거릴 수 있는 내용인데, 그것은 이 구절이 깊은 데로부터 내면의 고유함을 기쁨에 찬 동의로 답하고 있기 때문입니다. "지극히 복되신 당신께서는 당신을 믿는 이들의 가장 깊은 마음속 근원을 채워주소서 O lux beatissima, reple cordis intima tuorum fidelium."

성령에 대한 찬가 중의 하나는 다음과 같이 끝을 맺습니다. "오 하느님, 당신께서는 당신을 믿는 이들의 마음을 성령의 광채를 통해 가르치십니다." 여기서 광채를 받아들여 배우는 "마음"은 거룩한 진리를 배우는 것입니다. 그렇다면 사랑의 내적인 근원과 다른 것은 무엇일까요?

어떤 면에서 사랑은 빛일까요? 앞선 숙고에서 우리는 사유를 통해 인식하는 정신에게 빛이 속한다고 말했다면, 여기서는 과연 마음을 비추는 빛이 있다는 말인가요? 우선 여기서 말하는 '마음'은 정신적이지 않은 어떤 것이나 단순히 느낌과 같은 어떤 것, 더욱이 감성적인 무엇이 아니라 정신 자체를 말하는데, 특히 정신의 감성적인 부분입니다. 말하자면 이 정신의 부분은 차가운 이성의 사유가 아니라 따뜻한 감성을 발산할 수 있습니다. 여기서 우리는 신적인 진리들을 일상의 체험에 연결하는 통찰에 어떤 것이 도움이 되는지 생각해보려고 합니다.

우리 각자는 이미 신적인 진리가 우리 정신에게 명확한 형태로 드러나지 않으며 말로 표현할 수 없다는 것을 경험합니다. 이 정신 안에 있는 모든 것을 분명하고 명확하게 표현해내기는 어렵습니다. 하지만 정신이 아름다운 어떤 것을 보게 되는 때가 있는데, 그것은 순수한 형태를 지니며 향기를 뿜는 꽃과 같아서, 어느 순간 마음 안에서 '밝게' 빛납니다. 그렇지 않다면 정신은 숲속을 헤매며 방황하고 있을 것입니다. 어쨌든 여기서 정신은 자신을 열어 보입니다. 바라보는 자의 눈앞에 넓고 풍요로운 평원이 펼쳐짐으로써, 이 평원에서 누리는 자유는 바라보는 자의 마음을 '선명하게' 합니다. 이렇게 수용하는 자에게는 그의 마음을 비추는 '빛'이 아름답고 자유로운 것으로부터 다양한 방식으로 나오는데, 곧 고귀한 심정, 용기 있는 말, 고결한 행위에서 나옵니다. 항상 가치가 충만하게 드러나는 곳에서는 우리의 내면이 건드려져, 내면의 깊은 곳에서 빛이 터져 나오도록 일깨웁니다. 이 빛은 내면에만 남아 있지 않고 육체적인 것으로, 얼굴로, 표정으로 확산됩니다. 그렇기 때문에 이런 사람을 가리켜 "그 사람에게는 빛이 난다"라고 말합니다.

여기서 우리는 지금까지의 사유를 전환해서 다음과 같이 말할 수 있겠습니다. 가슴속에 빛을 간직하고 있는 사람만이 밖에서 빛나는 것을 볼 수 있습니다. 어떤 사람이 세상에 있는 아름다운 사물들을 알아보고 그 의미를 경험하려고 할 때 날카롭게 통찰하고 정확하게 알아차리는 것으로는 충분하지 않습니다. 단지 이렇게만 하는 사람에게는 만개한 꽃을 피운 나무가 품고 있는 기쁨에 찬 충만함과 멀리 떨어져 있는 산이 보여주는 수려한 자태가 보이지 않습니다. 따라서 이런 사람에게서 아름다운 것이 밖으로 드러나기 위해서는 그 사람 안에서 어떤 것이 빛을 내야 합니다.

하지만 인간에게 그런 일이 일어날 수 있습니까! 그렇게 간단하게 일이 이루어진다면 고결한 행위를 평가할 수 있을까요? 이러한 행위가 부수적인 동기 없이 선善에 대한 순수한 믿음으로부터만 나올 수 있을까요? 이런 행위에 사사건건 트집을 잡고 이 행위를 별일 아닌 일상사로 치부하려는 유혹이 얼마나 큰지요! 내적인 빛처럼 두루 비추는 고결함을 받아들이지 않는 사람 안에서는 우리의 스승께서 보여주신 가난과 가장 순수한 행위도 잿빛이 될 뿐입니다. 또는 이와 다른 종류이긴 하지만, 위험에 아랑곳하지 않고 대범한 행위로 저항할 수도 있을 것입니다. 위대한 인물들 가까이에는 항상 어리석음이 도사리고 있지만, 마치 돈키호테라는 인물이 보여주는 모습을 보고 희열을 느끼듯이, 이러한 어리석음이 보통 사람들에게는 오히려 위안을 준다는 것을 우리는 알고 있습니다. 만일 그렇지 않다면, 매년 꾸준히 지속되고 일상에 동기를 부여하는 신뢰를 알아보고 그것을 위해 스스로를 희생하는 일도 웃음거리로 전락할 것입니다. 어디 그뿐인가요. 다른 사람들이 자신만의 안녕을 염려하는 반면에, 이것을 포기하는 고결함도, 끊임없이 다시 용서하는 자비도, 그 어떤 실망에도 뒤로 물러서지 않고 남을 기꺼이 도와주고자 하는 마음도, 신뢰를 잃기보다 기꺼이 손해를 무릅쓰는 정직함도, 이와 유사한 가치를 보여주는 이도 다른 사람들에게 비웃음거리가 될 뿐입니다. 인간 안에서는 자신을 더 높이 추켜세우기 위해 다른 사람을 무가치하게 만들려는 강력하고 교활한 충동들이 작용하기 마련인데, 이 모든 가치를 알아볼 사람이 과연 있을까요? 반면에 모든 것을 알아보아야 할 눈길이 있다면, 이 눈길은 모든 것을 드러내는 빛의 광채를 스스로 뿜어야 하지 않을까요? 이 눈길이 공간을 가득 채우게 된다면, 그때에야 비로소 순수하게 일어나는 사건들의 고귀한 모습이 나타나지 않을까요? 그렇다면 이러한 빛 안에서 올바로 가치를 알아보는 사람은 다른 사람에게 자신의 자리를 기꺼이 양보할 수밖에 없을 것입니다. 이런 사람은 다른 이가 높은 자리에 있는 것을 기뻐할 수밖에 없습니다. 이는 곧 그 사람에게 반드시 사랑이 있음을 일러줍니다.

많은 경우에 우리는 다른 사람의 무기력함, 과오, 악덕 같은 것을 이해할 수 있다고 생각합니다. 그렇게 판단 받는 사람의 처지를 고려하기 때문에 그를 더 올바르게 판단한다고 생각하는 것입니다. 그렇다면 누구의 판단이 더 올바를까요? 이러한 점들을 매정하게 단언하고 경멸하는 사람일까요, 아니면 과오가 있는 사람에게 자신을 위태롭게 하는 것을 인식시켜 그것을 바로잡을 수 있다고 생각하도록 이해해주는 사람일까요? 그러나 문제는 후자의 경우에 인간적으로 협력하는 마음이나 악덕을 교정해주려는 염려의 마음을 가졌다 해서 사랑을 품고 있다고 할 수 있느냐는 것입니다. 이 경우에 나는 낯선 타인의 과오를 더 깊이 이해했다고 할 수 있을까요? 나는 처벌을 요구하는 사람인가요, 아니면 용서하는 사람인가요? 실제적이고 내적으로 용서하는 것은 사랑이 아닌가요? 누가 스스로 악덕에 대해 더 올바르게 판단하는 사람입니까? 윤리적으로 엄격한 잣대를 들이대고 이 잣대에서 벗어났을 경우에 참지 못하는 사람인가요, 아니면 윤리적 잣대보다는 넉넉한 유머의 넉살을 보여주면서 삶이 복잡하게 서로 엉키는 데서 최악이 나타난다는 것을 통찰하는 사람인가요? 그렇다면 후자의 경우는 사랑이 아닌 것일까요?

이제 아주 근본적인 물음을 던져봅시다. 우리가 어떻게 다른 사람을 완전히 이해할 수 있다는 말인가요? 분명히 심사숙고해서 파악되고 정리되는 유형, 구조, 조직 형태, 환경 분석 등과 같은 보편적인 관점이 있습니다. 이러한 이해는 객관적이고 추상적으로 일어납니다. 예컨대 어느 날 갑자기 쓸모 있는 도구를 만들려고 생각하는 경우가 그러합니다. 그러나 인간에게서 고유한 것은 그 어떤 추상적인 구조로도 명료해지지 않습니다. 왜냐하면 인간은 구체적인 '그 사람'으로 존재하기 때문입니다. 그 때문에 인간에게는 어떤 개념이 아니라 오직 그 사람 자신의 고유한 이름이 부여되는 것입니다. 이러한 관점에서만 다른 모든 사람들도 자신의 고유한 특성을 얻게 됩니다. 왜냐하면 그것이야말로 모든 것이 구체적인 그 자신으로 존재하며 살아가는 방식이기 때문입니다. 하지만 우리는 이 고유한 것을 어떻게 이해합니까? 인간을 어떻게 이해해야 합니까? 인간은 서로 닮아 있고 자신의 삶을 이끌며 자신의 운명을 구체적으로 만드는데, 이러한 것들은 어떻게 일어납니까?

물론 인간에게서 이러한 것들은 순수하게 이성적으로만 일어나지 않고, 마음의 눈으로 보고 느낌으로써 이루어집니다. 인간은 자신의 몸에서 일어나는 생물학적인 생명 과정을 통해 움직일 뿐만 아니라, 다른 사람에게 공감하는 의식을 통해서도 자기 존재의 움직임을 느낍니다. 여기서 한 가지 더 추가해야 할 것은 우리가 자신의 존재에 동의한다는 사실입니다. 그런데 이것은 인간이라는 존재가 우리 마음에 들어야 한다거나, 그 존재를 올바른 것으로 여겨야 한다는 의미는 아닙니다. 오히려 우리는 인간 존재가 개별 인간 안에 존재하고 개별 인간의 존재는 인간 존재에 걸맞은 방식으로 살 권리를 인정해야 합니다. 말하자면 인간은 개별 인간으로서 자신을 외부 세계로 확장해 가며 항상 더 나은 자신이 되어야 한다는 말입니다. 우리가 인간 존재에 가하는 비판은 앞서 말한 긍정적인 면을 토대로 이루어집니다. 말하자면 이러한 비판은 인간 존재를 침해하는 것에 맞서 인간의 고유한 존재와 일치한 가운데 이루어집니다.

하지만 이 모든 것이 전적으로 자명하지는 않습니다. 우리가 다른 사람을 만날 때, 얼마나 빨리 혐오, 불신, 경멸과 냉소를 드러내는지 생각해봅시다. 우리가 이런 태도를 고집하는 한, 우리는 그 사람을 이해하지 못합니다. 우리가 이런 감정들을 품은 채 가하는 비판이 매우 정확하다 할지라도 비판의 중심인 '그 사람'을 제외한 채 이루어졌기 때문에 잘못된 방향으로 흘러갑니다.

우리가 이 모든 관련성에 깊이 들어가본다면, 하느님이 인간을 어떤 방식으로 훌륭하게 판단하시는가를 알게 될 것입니다. 하느님은 우리 인간에게 존재를 부여했습니다. 이 존재 부여가 바로 당신의 첫 번째 사랑이며 당신 창조의 신비입니다. 하느님은 인간이 잘못된 행위를 했다고 판단하시고서 사랑을 철회하지 않으시고, 오히려 당신의 사랑을 꾸준히 견지하시면서 당신의 판단을 통해 그 사랑을 확장하십니다. 다시 말해 한 인간에 대한 하느님의 판단은 그를 향한 당신의 사랑을 지속하는 것을 의미합니다. 그때 하느님의 판단은 자연적이며 역사적인 원인들의 모든 연관성을 고려해서 이루어집니다. 나아가 이 판단은 구원의 기쁜 소식을 향해 돌아서는 가운데 태어난 새로운 생명을 알리는 표지로서, 이 하느님의 마음은 믿는 이들 안에서 유효하게 작용합니다. 이러한 내용을 요한의 편지는 다음과 같이 표현합니다. "그분께서 의로우신 분이심을 깨달으면, 의로운 일을 실천하는 사람들이 모두 하느님에게서 태어났다는 것도 알게 됩니다"(1요한 2,29). 이어서 "아버지께서 우리에게 얼마나 큰 사랑을 주시어 우리가 하느님의 자녀라 불리게 되었는지 생각해보십시오. 과연 우리는 그분의 자녀입니다. 세상이 우리를 알지 못하는 까닭은 세상이 그분을 알지 못하였기 때문입니다"(1요한 3,1). 그리고 다시 한번 다음과 같이 강조합니다. "우리는 형제들을 사랑하기 때문에 우리가 이미 죽음에서 생명으로 건너갔다는 것을 압니다. 사랑하지 않는 자는 죽음 안에 그대로 머물러 있습니다"(1요한 3,14). 그리고 마지막으로 "자기 형제를 사랑하는 사람은 빛 속에 머무릅니다"(1요한 2,10).

이와 같이 판단한다는 것이 얼마나 어렵습니까! 더욱이 우리가 "남을 심판하지 마라"(마태 7,1)라는 예수님의 말씀을 어떻게 제대로 이해할 수 있겠습니까! 타인에 대한 사랑의 긍정이 빠져 있는 모든 심판은 최종적으로 타인이 존재할 권리를 부인하는 것으로 귀결됩니다. 반면에 우리 내면에 숨어서 도사리고 있는 악의적 태도를 극복하는 것이 사랑의 빛입니다. 예컨대 이 빛을 마음과 눈 속에 지니지 않은 어머니가 자신의 자녀에게 참된 어머니가 될 수 있겠습니까? 이 빛 없이 누가 자신의 친구에게 참된 친구일 수 있겠습니까? 사랑하는 사람을 도와주는 빛이 없다면, 사랑하는 사람은 그 사랑을 받는 사람에게 어떻게 원하는 것을 줄 수 있겠습니까? 교사가 자신이 신뢰하는 학생을 "마음의 빛 lumen cordis"으로 보지 않는다면, 참된 교육자가 되겠습니까? 그리스도께서는 믿음을 통해 이 같은 사랑의 마음을 만나는 사람마다 심어주셨습니다.

요한에 의하면, 미움이 생기자마자 어둠이 모여듭니다. "그러나 자기 형제를 미워하는 자는 어둠 속에 있습니다. 그는 어둠 속에서 살아가면서 자기가 어디로 가는지 모릅니다. 어둠이 그의 눈을 멀게 하였기 때문입니다"(1요한 2,11). 따라서 타인에게 향하는 감정이 결코 두려움을 주는 형태를 취할 필요는 없습니다. 우리는 이런 형태를 아담의 장남인 카인에게서 볼 수 있습니다. 카인은 자기 동생 아벨이 순진하고 착하다는 것을 참을 수 없었습니다. 그래서 카인의 마음은 어둡게 되어 이성을 잃게 되었고 마침내 카인은 동생 아벨을 들에서 죽이고 맙니다(창세 4,8). 이제 산상 설교의 말씀을 새겨봅시다. "'살인해서는 안 된다. 살인한 자는 재판에 넘겨진다'고 옛사람들에게 이르신 말씀을 너희는 들었다. 그러나 나는 너희에게 말한다. 자기 형제에게 성을 내는 자는 누구나 재판에 넘겨질 것이다. 그리고 [자기 형제를 업신여겨서] 자기 형제에게 '바보!'라고 하는 자는 최고 의회에 넘겨지고, [미움 때문에] '멍청이!'라고 하는 자는 불붙는 지옥에 넘겨질 것이다"(마태 5,21-22). 이 말씀은 주님께서 우리에게 하시는 경고입니다. 즉, 그 안에서 형제라는 모습이 깡그리 사라져서 살인 행위까지 이어지게 하는 어둠은 살인 행위 훨씬 이전에 이미 시작된다는 것입니다. 다시 말해 마음을 상하게 하는 말에서, 경멸하는 사유에서, 독을 품은 감정에서, 그 사람의 의견은 들어보지도 않고 그의 잘못을 질타하는 판단에서 이미 어둠은 시작되는 것입니다.

요한이 말합니다. "당신에게 이런 어둠의 징조가 생긴다면, 당신에게 형제의 모습은 어둠 때문에 희미해져 버리오. 따라서 당신은 다른 사람을 더 이상 이해하지 못하게 되오. 당신은 분명한 뜻으로 말했다고 하지만, 사실 다른 사람이 듣기에는 당신은 드러나는 의미뿐만 아니라 다른 의미도 의도하였소. 다시 말해 당신은 의도가 없이 한 말도 저의가 있다고 알아듣는다는 것이오. 그래서 당신은 그 사람과 더불어 빛으로 가는 대신 어둠으로 가며 어둠 속에서는 끔찍한 일이 우연히 발생할 수 있다오."

첫째 서간의 4장에서 요한은 다음과 같이 말합니다. "하느님은 사랑이십니다. 사랑 안에 머무르는 사람은 하느님 안에 머무릅니다"(1요한 4,16). 우리에게 다른 사람을 이해하게 만드는 사랑의 빛이 지닌 본래의 모습은 하느님의 마음입니다. 요한은 더 나아가 대담하게 다음과 같이 말합니다. "사랑은 하느님 자신이십니다."

우리는 이 사랑을 이미 모든 사물의 시작에서 만났습니다. 이 사랑은 전적으로 우리와 세상이 존재한다는 근거입니다. 우리는 이미 세상이 필연적이지 않으며 반드시 존재해야 할 필요가 없다는 진리를 숙고해보지 않았습니까? 신화와 자연을 믿는 새로운 이교에서 세상은 필연적으로 존재하지만, 계시에서는 그렇지 않습니다. 계시는 하느님이 세상이 존재하기를 원하셨기 때문에 존재한다고 말합니다. 하느님은 당신이 그렇게 원하시기 때문에 그것을 하려고 하십니다. 따라서 세상은 하느님의 자유에 근거합니다. 하느님의 마음, 곧 이러한 자유의 영혼은 사랑입니다.

여기서 주의할 점이 있습니다. 하느님의 세상 창조 동기가 이와 같다면 왜 사람이 힘들게 노동을 하며 땅을 경작해야 하는지 질문할 수 있습니다. 이때 그 답으로 당신의 자녀를 사랑해서라고 즉각 말하려는 것은 아닙니다. 인간의 행위를 살펴보면, 거기에는 감사, 선의지, 필연성 등과 같이 다양한 역동적인 근거가 있습니다. 이러한 근거 중에는 사랑의 근거도 있으며, 우리가 말하는 사람의 행위도 이 같은 역동적인 근거를 지닙니다. 하느님께서 세상을 창조하실 때, 그분이 하신 일은 다른 경우들 가운데 일어난 하나의 경우가 아니라 전적으로 유일무이한 어떤 것이며, 창조의 동기도 다른 무엇과 비교할 수 없습니다. 창조의 동기가 바로 사랑입니다. 하느님은 창조를 위해 그 어떤 것도, 온 세상 어느 것도 필요로 하지 않으셨습니다. 세상을 창조하셨다 하여, 하느님이 더 부유해지거나 더 행복해지거나 더 많이 알게 된 것은 아닙니다. 더욱이 하느님은 세상을 창조할 의무도 없으셨습니다. 창조를 요구하는 어떤 규범도 없고, 창조를 옳고 좋게 만드는 그 어떤 적합성도 없습니다.

오히려 하느님의 창조 동기에 대해 말하고 싶은 모든 생각이 어리석다고 할 수 있습니다. 그럼에도 우리는 이런 생각들을 말로 표현합니다. 그래야 하느님을 더 낫게 설명한다고 생각하기 때문입니다. 더 나아가서 하느님이 세상을 창조하지 않으셨더라면 그분께는 더 나았으리라고 생각할 수도 있겠습니다. 그랬더라면 하느님은 세상이 항상 당신의 힘에 좌우되지 않도록 하셨을지도 모릅니다. 하지만 절대자이자 무한자이신 하느님 앞에서는 이 세상에서 거대해 보이는 모든 것이 늘 아주 보잘것없는 것에 불과할 뿐입니다. 하느님은 세상을 존재케 하려는 뜻을 품으시고, 당신의 자유와 신적인 기쁨으로 그렇게 하십니다. 이것이 바로 계시가 말하는 사랑입니다. 그렇다면 그분은 왜 그렇게 세상을 사랑하시는 걸까요? 우리가 이에 대해 일생 동안 숙고할 수 있지만, 그렇더라도 결론을 얻지는 못합니다. 왜냐하면 이 사랑 앞에 선행하는 그 어떤 근거도 없기 때문입니다. 하느님의 사랑은 순수한 시작이며, 당신으로부터 비롯되는 모든 것의 첫 번째 근거입니다. 시작 자체에는 하느님 자신 외에 다른 어떤 근거도 없습니다. 하느님의 사랑으로 모든 것이 시작됩니다. 이 사랑은 우리가 존재하길 원하십니다. 그리고 우리에게는 그 사랑이 필요하기 때문에, 우리는 그분을 찬미합니다. 반면에 그분께 필요한 것은 지극히 거룩한 근원에서 나옵니다. 그분의 사랑이 그것을 원하시기 때문입니다.

  이와 같은 사랑으로 하느님은 모든 사물, 모든 사건, 모든 인간을 비롯한 당신의 피조물을 이해하십니다. 예수님은 다음과 같이 말씀하십니다. "그분께서는 너희의 머리카락까지 다 세어두셨다"(마태 10,30). 그분은 나의 모든 것을 알고 계십니다. 아니, 오히려 '나의 모든 것'이 아니라 '나 자신!'을 알고 계십니다. 이 사랑의 앎은 당신의 마음에서 나와서 내 안의 가장 고유하고 본래적인 내면으로 들어갑니다. 나는 그분에 의해 보게 되고 보호받고 보증받습니다. 힘이기도 한 이 사랑의 앎은 내 안에 있습니다. 거기, 내가 내면의 무無와 경계를 이루는 내면에 이르는 그곳에 사랑의 앎이 있으며, 이 앎이 나를 존재하고 실존하게끔 붙들고 있습니다.

모든 존재의 가장 깊은 내면의 중심에 하느님 사랑의 빛이 있습니다. 요한은 다음과 같이 말합니다. '이 빛이 당신의 생명 안에서 힘을 받기를 원한다면, 당신 자신을 사랑해야 하오. 당신은 이렇게 할 수 있소. 왜냐하면 당신이 할 수 있게끔 하려고 하느님께서 이 빛을 주셨기 때문이오.' 이 시대를 살아가는 사람들을 위해 요한은 다음과 같이 덧붙입니다. '당신의 시대에는 거룩한 기쁜 소식에 대한 모든 말씀이 무너졌다는 것을 잊지 마시오.' 주님께서는 '사랑'이라는 말을 지난 100년간의 복지사업 같은 것으로 생각하지 않으십니다. 물론 그것은 좋고 옳을 수 있습니다. 그 같은 복지사업은 현대 국가를 이끄는 한 부분을 구성합니다. 그러나 복지사업이 목적 달성에만 유용하게 하려는 관점에서 보자면, 현대 국가의 경영이 냉정하게 인간의 생동적生動的인 권리에서 벗어난 방향으로 나아가고 있다는 것을 잊지 말아야 합니다. 하느님이 요구하는 사랑의 원천과 원래의 모습은 그분 안에, 창조하시는 분 안에, 구원하시는 분 안에 놓여 있습니다. 요한이 말하는 인간은 "하느님께 속한"(1요한 3,10) 사람입니다. 이렇게 요한이 말하는 인간은 믿음과 세례를 통해 하느님의 생명에서 새롭게 태어나며, 인간 자신의 사랑은 하느님의 사랑과 함께 성취되어야 합니다.

인간은 항상 다시금 하느님의 마음에 자신을 비추어보아야 하며, 이 마음을 향해 가야 합니다. 여기서 단순히 옆에 있는 사람과는 다른 것을 의미했던 '이웃'에 대한 새로운 가르침이 생깁니다. 이 가르침에 의하면 오히려 이웃은 나를 하느님의 섭리로 그때마다 이끌어주는 타인을 의미합니다. 이로써 그와 나 사이에 점차 그리스도 안에서의 형제애의 신비가 발생하여, 나는 그를 '나 자신처럼'(마태 22,39) 사랑해야 합니다. 따라서 나는 스스로 경험하고 싶지 않은 일을 피하는 것뿐만 아니라, 나에게 일어나기를 원하는 일을 행합니다. 사랑이 이토록 넓은 범위로 확장되기 때문에, 우리는 "형제들을 위하여 목숨을 내놓을"(1요한 3,16) 준비가 되어 있어야 합니다. 하지만 우리는 이처럼 어마어마한 일은 말하려고 하지 않습니다. 왜냐하면 우리는 이 위대한 일을 대개 "말과 혀로만 사랑하는" 경우로 한정시켜 생각하려고 하기 때문입니다. 우리는 이 위대한 일을 "행동으로 진리 안에서"(1요한 3,18) 실제 일상생활 중에 행하려고 해야 합니다. 이것은 우리가 타인을 이해하려고 애쓸 때 일어납니다. 이는 다른 사람을 인정하는 것을 의미합니다. 왜냐하면 하늘에 계신 아버지께서 뜻하신 인간 존재들이 이루는 거대한 조화는 다양한 목소리를 품고 있으며, 각각의 목소리는 이 조화로부터 울려야 하기 때문입니다. 곤경에 빠진 이를 도움으로써 사랑의 고유한 가능성이 풍부하게 확장됩니다. 이렇게 해서 우리는 항상 다시금 내적으로 하느님의 사랑을 존중하고 느끼게 됩니다.

이 하느님의 사랑을 추구하는 만큼, 우리는 요한의 말이 뜻하는 대로 분명하게 빛의 문으로 들어서게 됩니다. 그의 말은, 우리가 '빛 속에서 걸어가야 한다'는 것입니다.

하느님의 사랑과 세상의 혼란

하느님의 사랑은 그저 완전하게 고양된 형태의 인간의 사랑이 아니라, 오히려 하느님의 주권을 표현합니다. 하느님의 사랑을 말하려고 하는 사람은 호렙산에서 보인 계시의 빛 가운데에서 하느님이 당신은 존재하는 분이라고 말씀하신 것처럼 해야 합니다. 불타는 떨기나무에서 당신이 직접 하신, "나는 있는 나다"(탈출 3,14)라는 말씀은 하느님에 대한 모든 진술의 근간으로서 타의 추종을 불허합니다. 하느님은 절대적으로 존재하십니다. 따라서 우리는 단지 '그분 앞에' 있을 뿐입니다. 마찬가지로 사랑의 하느님은 그분 자신이시며, 주님이시고 사랑의 시작입니다. 그러므로 우리는 호렙산에서 하신 말씀을 주님께서 다음과 같이 말씀하셨다고 그 의미를 확장할 수 있습니다. "나는 사랑하는 자로 사랑한다."

하느님과 연관해서 사랑을 말하는 사람은 위대한 신비에 대해 말하는 것입니다. 여기서 우리는 그리스도교 신비 전체의 근원에 대해 말할 수 있습니다. 이 근원에서 하느님은 인간과 당신의 세계를 당신에게 중요한 것으로 만들려고 결심하셨습니다. 이 같은 중요성에서, 본질로부터 주님이신 그분과 말씀을 연관시키는 것이 허용된다면, 이로부터 하느님의 섭리가 나타나야 합니다. 이 섭리의 계시를 드러내는 하느님의 진정한 사랑은 예수 그리스도이시며, 따라서 예수님에게 일어나는 일을 하느님도 함께 겪으십니다.

요한은 더 나아가서 다음과 같이 말합니다. 인간에게는 믿음과 다시 태어남을 통해 이 사랑을 마음속으로 받아들이고, 이 사랑을 그리스도 안에서 다른 사람, 형제자매와 맺는 고유한 관계의 모범으로 삼는 것이 허락될 뿐만 아니라 동시에 그에 대한 책임이 부과됩니다. 이것이 다음 말씀의 의미입니다. "사랑하는 여러분, 하느님께서 우리를 이렇게 사랑하셨으니 우리도 서로 사랑해야 합니다"(1요한 4,11).

이러한 숙고 후에, 이제 불안을 야기할지도 모를 반론이 나올 수밖에 없습니다. 우리는 다음과 같이 질문할 수 있습니다. 그 말처럼 하느님이 당신만의 고유한 진심으로 인간과 세계를 사랑하신다면, 인간의 세계는 오늘날 우리가 보는 것과는 다르게 나타나야 하지 않나요? 이 사랑이 어떻게 활동하고 있고 이 사랑을 통해서 어떻게 모든 것이 좋게 되는지를 우리가 알아차려야 하지 않겠습니까? 하지만 이와 반대로 세상에는 혼란과 고통이 얼마나 많으며, 불의와 거짓, 폭력이 얼마나 난무합니까!

어떤 사람이 자신의 고유한 처지를 돌아보면서 다음과 같이 반론을 제기할 수 있습니다. '하느님의 사랑이 세상을 다스린다면, 왜 내 삶은 이토록 힘든가요? 왜 나는 그토록 자주 부족함에 시달리고 무엇인가를 잃어버리면서 살아야 합니까? 내가 태어나면서부터 물려받은 것에는 왜 나를 위협하는 요소들이 함께 들어 있나요?' 이런 생각을 가진 사람들이 분명히 있지만, 이들은 이 생각을 곧장 다시 잊어버리고 자연스럽게 긍정적인 생각 속에서 살아갑니다. 반면에 또 다른 사람들은 이와는 다른 것을 요구합니다. 이들은 마음속으로 계속 생각을 펼칩니다. 이들의 경험은 낚시 바늘 끝의 거꾸로 된 갈고리 같아서, 자신이 마음속으로 붙잡은 것을 절대 놓아주지 않습니다. 그러므로 우리는 매우 설득력 있는 많은 숙고를 통해 이들의 반론에 솔직하게 답해야 합니다.

저는 이 반론의 답이 하느님의 사랑이라는 개념에서 중요한 단어인 '진정성'에 있다고 생각합니다.

생각을 다시 되돌려봅시다. 지상에서 인간의 삶은 어떻게 진행됩니까? 우리는 태초에 하느님께서 인간과 가까운 관계를 맺으셨으며, 그에게 헤아릴 수 없는 신뢰를 주셨다는 말씀을 듣게 됩니다. 이 신뢰는 전혀 모자람 없이 충분한 것을 주시는 위대한 주님의 신뢰입니다. 이렇게 하느님은 세상을 인간의 손에 맡기심으로써, 인간을 자유롭게 인식하며 판단하는 존재로, 당신과 가장 닮은 모상으로, 피조물의 대리인이 되게 하셨습니다.

하느님의 창조물들이 땅과 바다, 해와 별, 식물과 동물에만 관계되는 한, 이 세상에 자아는 없으며 단지 사물들만이 있을 뿐입니다. 그렇다면 '자아'는 하느님 한 분뿐이시며 그분은 당연히 절대적으로 존재하십니다. 그렇기 때문에 이분은 고유한 존재의 주님이요, 세상의 주님이십니다. 그러나 이 순간 하느님께서는 어떤 존재를 '나'라는 현존재 안으로 부르시어, 당신 자신을 영원한 '너'로 선사하시기 때문에, 모든 현존재는 어떤 새로운 특성을 얻게 됩니다. 이런 일이 공간의 질서에서는 거대한 우주 안의 아주 작은 지구에서 벌어지기 때문에 거의 사라지는 것처럼 보일 수도 있습니다. 세상의 생성에 걸리는 십억 년이라는 시간에서 인간 역사는 아주 짧은 시간에 불과하듯이, 현존재의 생명이 지속되는 시간도 그러합니다. 많은 인간이 지구 위에서 살지만, 사실 인간의 수는 어마어마한 우주에 비하면 아주 적습니다. 더 나아가 이 인간 존재는 유일무이한 존재로서 각자의 한정된 시간 안에서 살아갑니다. 그 때문에 모든 인간 존재는 서로 다릅니다. 이 인간 존재는 세상을 인식하고 세상에 말을 걸 뿐만 아니라, 하느님의 말씀에 응답함으로써 세상을 그분에게 중개할 수 있는 능력이 있습니다. 여기에 우주의 의미가 결정된다고 할 수 있습니다. 이 결정은 인간에게 위임되고 부과됩니다. 하지만 인간은 하느님의 이 같은 신뢰를 배반했습니다. 인간은 그분에게 속해 있는 세상을 자신의 손아귀에 넣으려고 시도했습니다. 우리 시대의 많은 철학자, 시인, 지성인의 비판적인 논의는 인간의 원조가 저지른 행위가 의미하는 바를 찾아내고 있습니다. 이렇게 하느님이 주셨던 무한한 가능성은 퇴색하고 말았습니다.

그러나 이 같은 점을 통해 전적으로 새로운 상황이 성립됩니다. 예컨대 누가 자신의 친구를 배신한다면, 두 사람은 이 일을 단순히 없던 일로 하고 이제까지의 관계를 계속 지속해나갈 수 있을까요? 분명히 그렇지는 않을 것입니다. 만일 그랬다면 이들의 우정에는 진정성이 결여될 것입니다. 이 같은 진정성은 오히려 양자택일의 문제로 나아갑니다. 곧 모든 것이 붕괴되거나 아니면 새로운 어떤 것이 일어납니다. 후자의 경우, 우정의 핵심에서 솟아 나오는 것이 원래의 우정보다 더 강한 어떤 관계로 만듭니다.

이러한 우정의 관계는 하느님과의 관계 차원에서도 유효합니다. 이 관계 안에서 하느님은 인간을 당신 자신에게로 고양시킵니다. 하지만 하느님에게 어떤 것이 가능했는지 또는 불가능했는지 우리는 판단할 권리가 없습니다. 하느님은 분명히 당신 피조물의 배반을 은총 가득한 손짓을 통해 완전히 없앨 수도 있었을 것입니다. 그러나 그렇게 되면 하느님의 사랑은 두려움을 불러일으키게 되어서, 하느님의 사랑을 배반한 후에 인간의 삶은 명백히 지금까지의 상태에서 더 앞으로 나갈 수는 없을 것입니다. 인간이 하느님과, 자기 자신과, 세상과 맺는 관계가 그 밑바닥에 이르기까지 얼마나 뒤흔들렸는지를 우리 자신에게서 볼 수 있습니다. 학문적 인식의 오해에 기초하여, 인간은 동물에서 진화했다고 말합니다. 그래서 인간의 본질과 관계된 좋지 않은 온갖 것을 생존을 위한 동물적 투쟁의 잔여물로 이해합니다. 이는 비극적인 결과를 가져오는 오류입니다. 인간에 대한 이러한 이해는 앎의 욕구를 가진 고유한 현존재 각자의 개별 체험에서 흘러나옵니다. 그러므로 우리 각자는 인간에 대해 판단할 가능성을 지니고 있습니다. 인간은 결코 자연적으로 눈에 보이는 것만으로 이루어진 존재가 아닙니다. 인간이 무엇을 의미하는지를 말하는 모든 것에서 가장 근본적인 혼란을 일으키는 요소는 이미 극복된 진화론의 단계에서 남은 잔재가 아니라 완전히 다른 어떤 것입니다. 그것은 인간이 하느님에게 행한 배반으로 인해 들어온, 근본적인 무질서 상태입니다.

그러나 시간의 흐름속에서 일어나는 일은 사건이 담고

있는 가공할 파괴력을 온전히 다 드러내지는 못합니다. 왜냐하면 하느님의 사랑이 이 사건을 붙들고 있기 때문입니다. 하느님이 이렇게 하지 않으셨다면, 그분은 인간을 자신의 행동의 결과에 맡겼을 것입니다. 그랬다면 아마 역사는 온통 절망의 역사가 되었을 것입니다. 배반의 범죄를 저질렀음에도 불구하고 인간이 살아남았다는 것을 전제한다면 말입니다. 결국 인간은 살아남았고, 범죄행위의 결과가 최악으로 치닫지 않았다는 것은 이미 어떤 새로움으로 전환되었음을 의미합니다.

이렇게 새로운 시작이 열렸습니다. 불의는 그 대가를 치르고, 배신당한 신뢰는 재차, 더 큰 아량으로 선사되었습니다. 하느님 자신이 이렇게 시작하신 분이시며, 이렇게 선사하신 그분의 이 행위를 우리는 구원이라고 부릅니다. 구원이 가능하다고 말할 수 있다면, 그분께서 보여주시는 사랑의 진정성은 창조의 진정성보다 더 심원합니다. 그래서 우리는 이 진정성을 어떤 개념으로도 파악할 수 없습니다. 단지, 영원히 거룩하신 분이 죄에 대한 책임을 당신 자신에게로 가져가신다는 것만 알 수 있습니다. 이분은 인간이 되시어 이 거룩함의 마음으로, 하지만 어떤 보호도 받지 못하고 희생하셔서 혼란으로 가득한 인간 역사 안으로 들어오십니다. 이것이 무엇을 의미하는지는 예수님의 운명이 잘 보여줍니다. 이는 우리 죄인들이 할 수 없었던 속죄입니다. 이 속죄로 우리는 화해의 삶을 살아갈 수 있게 되었습니다.

이는 하느님께서 이미 일어난 사건을 일어나지 않은 일로 만들었다는 말이 아닙니다. 그렇게 되는 것은 불가능합니다. 그렇다고 하느님이 인간에게 무슨 마술을 부린 것도 아닙니다. 만일 그렇다면 거기에는 진정성이 없을 것입니다. 일어난 사건은 일어난 채로 있으며, 이 사건들은 삶에서 악에 대한 충동으로, 순간적으로 현혹시키는 것으로, 혼란시키는 것으로, 곤경과 고통으로 작용합니다. 비록 하느님과 새로운 관계를 맺지만, 인간은 마치 스스로를 자기 마음대로 할 수 있는 것처럼 생각합니다. 그러나 이 인간에게 이제 은총이 주는 새롭고 거룩한 가능성이 열립니다.

반면 인간 자신에게 모든 책임이 있기 때문에, 진정 사랑이신 하느님이 인간에게 그렇게 힘든 고난을 주셨겠냐고 누군가 주장한다면, 여기에 이의를 제기하는 것은 상대적으로 무척 어리석어 보일 수도 있습니다.

이제 누가 하느님을 새로운 방식으로 사랑하려고 한다면, 그는 상상으로만이 아니라 "진리 안에서"(1요한 3,18), 실제 현실에서, 인간을 통해 이루어지며 항상 진행될 역사에서 그렇게 해야 합니다.

비록 세상이 있는 그대로일지라도, 인간이 하느님의 사랑을 믿음으로써 이 사랑은 시작됩니다. 요한은 이 점을 자신의 서간에서 특유한 언어로 말합니다. "세상을 이긴 그 승리는 바로 우리 믿음의 승리입니다"(1요한 5,4). 이 '승리'를 우선 표면적으로 이해해볼 수 있겠습니다. 곧 이 승리는 낯선 환경에서 의연함으로, 경쟁의 시대에서 용감함 등으로 이해될 수 있습니다. 그러나 이 승리는 이러한 표면적 의미를 넘어서 더 깊은 의미를 지닙니다. 믿는 이들은 하느님은 스스로 존재하는 분이시라는 계시의 말씀을 토대로 삼아 세상 안으로 믿음을 침투시켜야 하며, 비록 믿는 이들이 세상의 상황에 부단히 가로막혀 있는 것처럼 보일지라도, 그분께서 당신의 존재를 그리스도 안에서 어떻게 말씀하시는지를 숙고해야 합니다. 그러나 단지 모든 것이 있는 그대로의 방식으로 존재할 뿐이라면, 계시에서 말하는 것처럼 하느님이 당신 사랑을 통해 세상을 변화시키려는 생각을 지니시는 것은 불가능하다고 세상은 부단히도 항상 새롭게 주장하려고 합니다. 그렇다면 하느님의 사랑과 은총을 믿는 대신에 세상의 다른 어떤 것을 맹신하는 어리석은 자가 될 수밖에 없다는 말인가요? 나아가 이 점은, 다른 사람의 개인적 삶의 경험과 세상 삶에 대해 알게 되는 것, 곧 진짜 힘을 지닌 권력은 하느님이 아니라 학문과 기술, 그리고 그 밖의 돈, 술책, 폭력이라고 말하는 것처럼으로 여겨지지는 않나요? 하지만 우리는 신앙의 힘으로 계시로부터 세상에 나타나는 이러한 모습을 극복해야 하고, 그리하여 세상을 하느님의 손길 안으로 되돌려놓아야 합니다.

하지만 이 같은 점들이 우리가 세상을 제대로 상상하고 있다고 말하는 것은 아닙니다. 그렇다면 무엇일까요? 서로 잘 알고 사랑하는 두 사람이 있다고 상상해봅시다. 이들은 잘 지내지만 가끔 싸우기도 합니다. 하지만 사랑의 관계에 파탄을 일으킬 만한 불편한 일상사는 말하지 않습니다. 사랑의 진정성은, 이렇게 외적으로는 진실해 보이지 않는 모순적인 경험에도 불구하고, 각자가 항상 다시금 본래 그대로의 모습으로 되돌아가 상대방을 사랑하는 것을 의미합니다. 이와 마찬가지로 요한은 세상이 보여주는 방식과는 다르게 하느님의 사랑을 체험해야 한다고 말합니다.

　이 세상이 당신을 느끼게 하는 방식은 이렇습니다. 우리는 역사의 공간에서 이루어지는 개인적인 체험을 통해 세상을 감지합니다. 하지만 이렇게 해서 얻은 것으로는 우리가 구원하는 사랑으로부터 세상이 이루어졌다고 보기가 어렵습니다. 대개의 경우 세상은 무관심하고 종종 불친절하며, 때로는 세상의 근원이 차갑고 무자비하게 느껴질 수 있습니다. 그렇다면 오히려 이때가 바로 하느님의 숨겨진 사랑을 꼭 붙들 때입니다. 이 사랑으로 세상을 믿음 안에 있도록 만드는 것입니다. 이것은 회의나 실망이 우리를 가로막을 수 있는 것처럼 생각하는 상상이나 자기기만이 아니라, 이 같은 표면적인 것에 대항하는 우리의 믿음이 더 깊은 진리를 얻는다는 것을 의미합니다.

이로써 사랑에 대한 믿음은 첫 번째 단계를 수행합니다. 하지만 두 번째 단계는 우리가 이 세상을 받아들이는 데에 있습니다. 말하자면 우리 각자가 있는 곳에서 세상을 어떻게 만나는지가 관건입니다.

　하지만 우리는 이런 만남을 실제로 행하기보다는 말하

는 데 더 빠릅니다. 왜냐하면 우리의 현존재는 이 같은 행위로 세상을 받아들이는 것이 쉽지 않으며, 많은 사람에게 이렇게 하는 것은 매우 어렵기 때문입니다. 그렇다고 세상과의 만남은 우리가 세상을 단지 상상하는 것을 의미하지 않습니다. 우리는 나쁜 것을 좋은 것이라 부를 수는 없습니다. 예컨대, 고통을 받아들일 만한 것이라고 말할 수는 없습니다. 더 나아가서 세상의 불의, 폭력, 허위를 좋은 것이라고 판단할 수도 없습니다. 그런 의미에서 우리가 올바른 눈으로만 세상을 바라보면서 기꺼이 용기를 내어 파악할 필요가 있다고 확신하는 사람들이 있습니다. 그렇게 한다면 모든 것이 훌륭한 상태로 된다고 합니다. 하지만 이런 식으로 확신을 내세워 세상에 대해 말하는 것은 세상에 대해 아는 것보다 더 해로울 수 있습니다. 더욱이 이들이 이와 같은 것을 자기 확신에서만 나온 어떤 정해진 계획으로부터 행한다면, 우리는 이들이 우둔하거나 아니면 솔직하지 못하다고 말할 수밖에 없을 것입니다. 이렇게 확신을 가진 긍정주의자들도 위험하기는 마찬가지입니다. 왜냐하면 이들이 주장하는 한쪽 측면만의 확신은 다른 이들이 바라보는 시선을 왜곡하기 때문입니다. 그 결과 실제 삶이 이들의 생각과는 다르게 흘러가는 바람에 자신의 생각에 확신을 가졌던 긍정주의자 스스로는 대개 좋지 않은 운명을 맞습니다. 결국 우리는 이들에게 실망과 씁쓸함을 느낄 수밖에 없습니다.

여기서 말하려는 것은 그와 같은 것을 의미하지 않습니다. 만일 그렇다면 그것은 진리가 아닐 것이기 때문입니다. 여기서 말하려는 것은 진리입니다. 그중에서도 명료성, 결의, 기꺼운 신뢰가 함께 나아가는 마음의 진리입니다. 이 진리는 우리가 현존재를 부정하지 않고 긍정하는 데에서 시작해야 한다는 것을 의미합니다. 이러한 긍정은 창조주가 이룬 일에 대해 그렇게 하듯이, 존재들에 대해서도 자신의 태도를 취하는 것입니다. 이렇게 하는 것은 실제 행위입니다. 왜냐하면 이렇게 함으로써 세상의 허상을 극복하기 때문입니다. 이로써 세상은 원천으로, 사랑이신 하느님의 마음으로 침투하게 됩니다. 이 사랑은 그로부터 비로소 그 밖의 모든 사랑을 가능하게 하는 첫 번째 사랑입니다. 이 사랑은 세상이 지금 어떻게 존재하는지, 다시 말해 세상이 선하지 않다는 것을 압니다. 그러나 하느님은 세상이 선하기를 원하셨습니다. 우리 인간의 죄가 세상을 무질서하게 만들었지만 하느님은 세상이 다시 선해지도록 새로운 방식으로 세상을 우리 손에 쥐어주셨습니다. 이것은 관념적으로 극단적인 열정이나 완전한 계획으로 이루어지는 것이 아니라, 신뢰와 믿음으로 이루어집니다. 새로운 세상은 혼란스러움에서 오는 모든 고뇌를 통해, 말씀이 충만하게 되는 '그 때'를 위해 참고 견디는 희망에서 이루어집니다. "보라, 내가 모든 것을 새롭게 만든다"(묵시 21,5).

그렇다면 사랑은 우리 인간의 현존재를 있는 그대로 받아들이는 것을 의미합니다. 이것은 우리가 어쩔 수 없는 부분을 받아들이는 것이 아니라, 하느님의 뜻으로 들어가 세상을 창조하고 구원하신 그분의 무한한 위대함을 바라보는 것입니다. 이러한 태도는 항상 다시금, 특히 새로운 하루가 시작되는 아침마다, 그분께서 세상을 창조하셨다는 사실에 감사하는 데에서 가장 아름답게 표현됩니다. 이러한 태도는 현존재가 지닌 근원적인 감정을 올바른 자리로 되돌려 놓습니다.

우리의 고유한 인격과 고유한 생명도 마찬가지입니다. 말하자면 우리가 '아니오'라는 부정이 아니라 '예'라는 긍정으로 시작한다면, 이에 대한 준비가 된 셈입니다. '아니오'라는 부정 안에는 분명히 나약함, 오류, 다양한 악과 같은 고약한 것들이 들어 있습니다. 이러한 것들은 허용되어서는 안 되며 극복되어야 합니다. 그러나 그때마다의 극복은 그 대상을 보고 받아들임으로써 시작됩니다. 마찬가지로 극복은 곤란과 상실, 어려운 상황으로도 시작됩니다. 우리가 극복해야 할 이 모든 것은 하느님의 엄격함을 통해서가 아니라, 인간이 야기한 혼란을 통해 세상 안으로 들어왔습니다. 이것은 곤경에 빠진 자가 하느님에게 '왜 저입니까? 왜 그런 일이 저에게 일어나는 것입니까?'라고 물을 때 이해될 수 있습니다. 그러나 이 사람은 이 물음이 마냥 비난거리가 되도록 놓아두어서는 안 됩니다. 그는 모든 현존재의 가장 깊은 내면에 있는 하느님의 사랑으로 꿰뚫고 들어가야 하며, 이 사랑을 통해 일치에 이르고 이 사랑으로부터 해서 자기 자신을 받아들여야 합니다. 결코 자신을 포기해서는 안 됩니다. 그는 투쟁하여 최초의 '예'라는 응답에서부터 더 나은 것을 쟁취해야 합니다.

  이러한 점은 자신의 고유한 현존재에 대해 하느님에게 감사하는, 믿는 현존재의 근본 행위에 속합니다. 한편 이와 같은 요구에 반발하는 감정도 분명히 일어납니다. 이 원초적 감정은 격앙되어서 다음과 같이 말할 수 있습니다. '내게 지워진 짐은 이보다 더 나쁠 수는 없다. 그런데도 여전히 이에 대해 감사해야 하는 건가?' 이러한 반항은 이해할 만합니다. 하지만 이 같은 반항이 광범위하게 확산되자마자, 이 반항은 우리가 가는 길의 중심을 가로막습니다. 그것은 이 길의 중심이 우리를 창조하셨고 구원하신 하느님과의 일치 속에 있기 때문입니다. 이러한 일치를 통해서만, 인간의 현존재는 마치 아무런 의미 없이 덩그러니 있는 돌덩이처럼 생기 없이 놓여 있는 상태를 멈추게 됩니다. 인간의 현존재는 살아 움직이고 있습니다. 이 현존재는 변화의 과정으로 들어섭니다. 이 변화로부터 새로운 인간이 출현하며, 우리가 품고 있는 희망은 이렇게 새로운 인간이 되는 쪽을 향해 있습니다.

사랑의 완성

앞서 본 묵상들에서 우리는 사랑의 복음을 그 순수한 본질에서, 그리고 결코 파악될 수 없는 크기에서 보려고 시도했습니다. 그러나 이제 우리는 다음과 같이 묻지 않을 수 없습니다. 사랑이 우리가 들었던 것과 같은 것이라면, 또 사랑이 그러한 고차원의 요구들을 인간의 신앙 능력에 갖다 놓는다면, 사랑은 현실로 실현되기 위해서 어떤 전망을 지니겠습니까? 현실 그대로 존재하는 세상에서의 사랑은 사랑의 복음과 무관한가요? 말하자면 세상에 깊이 관여하여 몰두하는 인간을 통해, 그리고 이성을 통해 인간의 마음은 그렇게 무뎌져버리고 마는가요? 그렇다고 그렇게 전해진 복음이 전적으로 파악될 수 있을까요? 사랑에 대한 믿음은 계시의 의미에 따라 현존재의 변화에 작용해야 하는데, 과연 이 믿음이 이렇게 현존재를 변화시키도록 작용하는 것이 가능한가요?

　우리는 그렇게 변화할 개연성이 그리 크지 않다는 것을 인정할 수밖에 없습니다. 그러나 현존재의 변화를 위한 노력들을 실현하는 것이 종종 실패한다고 하더라도, 그러한 사정을 이해하고 성실한 노력을 하는 사람들이 전혀 없다는 의미는 아닙니다. 이렇게 애쓰는 사람들은 분명히 존재하며, 그들의 수는 겉으로 드러나는 것보다 더 많이 발견됩니다. 더 나아가서 주님께서 "모두 나에게 오너라" 하고 말씀하셨듯이, 복음은 많은 사람들의 마음을 사로잡아야 합니다. 드문드문 몇 사람이 아니라 '하느님의 백성' 전체가 하느님의 '나라'로 새롭게 일어나야 합니다. 이 하느님 나라를 희망할 수 있기 위해서 그 현실성이 어떠한지 잊지 않아야 합니다.

하지만 반면에 이러한 희망이 채워질 수 있는 시간이 도래하지 않을지도 모른다는 의문이 불현듯 떠오르지는 않나요? 아마도 먼 미래에, 쓰디쓴 체험을 한 후에도 기쁜 소식이 들리지 않는다면, 우리는 어디를 향해 가야 한다는 말입니까? 이러한 생각은 우리가 체험하는 시간을 통해 우리에게 가까이 다가옵니다. 이 시간에서 모든 생물이 진화했다는 이론은 강력하게 인간에게 확산됨으로써, 인간학뿐만 아니라 정치학에서도 '새로운 인간'에 대해, 심지어 학문, 기술, 교육, 국가 통치의 연관 작용으로부터 출현해야 할 '초인'에 대해 말하기까지 합니다. 물론 이런 환상을 관철시키기 위해 염세주의자일 필요는 없지만, 인간의 현실 속을 정확히 들여다보아야 합니다. 그럴 때 우리는 지구상에서 완전한 상태에 대한 환상이 주체할 수 없는 갈망에서 오는 기만이라는 것을, 다시 말해 그러한 생각은 정치적인 권력 의지가 부리는 술수에 속한다는 것을 즉시 알아볼 수 있습니다. 이로써 우리는 제자들이 예수님을 성전의 아름다움에 주목하시게끔 이끌었을 때, 그분이 제자들에게 하신 말씀의 쓰라린 진정성을 느낍니다(마태 24,1-31).

그렇다면 우리가 사는 이곳에는 기만이나 술수만이 있고 기쁜 소식의 충만함은 없단 말인가요? 물론 그러한 충만은 있습니다. 더욱이 이것은 사랑의 완성에 대해 언급하는 요한 자신의 말에 표현되어 있습니다. 이 충만함이 서간 자체에 표면적으로 드러나지는 않지만 서간의 '숨겨진 계시'에 들어 있습니다. 요한은 성령께서 하시는 마지막 일과 약속을 연결함으로써 그것을 표현합니다. 물론 이를 통해 충만은 자연적인 역사의 과정으로부터도 끄집어내어져, 은총과 성령의 일과 희망에 속하는 어떤 것으로 표명됩니다.

성령께서 성경의 처음뿐만 아니라 동시에 마지막에도 등장하신다는 것을 알아챈다면, 놀랍기도 하지만 행복해지기도 합니다.

창세기의 첫 구절에 따르면, "한처음에 하느님께서 하늘과 땅을 창조하셨다. 땅은 아직 꼴을 갖추지 못하고 비어 있었는데, 어둠이 심연을 덮고 하느님의 영이 그 물 위를 감돌고"(창세 1,1-2) 있었습니다. 이후에 보도되는 사물들의 창조는 성령을 통해 수행됩니다. 이로써 세상은 무미건조한 이성 안에서 단순한 의지에 의해 확실한 것, 이용 가능한 것으로 창조되지 않았습니다. 하느님의 창조에는 이와 전혀 다른 마음 또는 생각이 있었음을 알 수 있습니다. 신앙인이 세상에 있는 고갈되지 않는 어떤 충만함을 보게 된다면, 모든 것은 이 충만함에 따라서 매우 순조롭게 진행될 것이기에, '모든 것은 하느님의 창조를 통해 그렇게 존재할 수밖에 없었겠구나' 하고 짐작하게 됩니다. 도처에 나타나는 아름다움이 너무 커서 그러한 아름다움이 마음을 압도한다는 것을 신앙인이 이해한다면, 충만함과 아름다움을 애절하게 갈망하는 인간의 마음도 그러한 아름다움을 잊지 않게 됩니다. 그렇다면 세상에는 단순한 이성과 실용적인 이용 가능성을 넘어서는, 조건 없는 선사와 충만한 기쁨과 갈망과 같은 어떤 것이 작용할 수밖에 없습니다. 어떤 것은 결코 충분하게 행해질 수 없는 사랑입니다. 코린토 신자들에게 보낸 서간의 말씀들은 이러한 의미를 담고 있습니다. "사랑은 모든 것을 덮어주고 모든 것을 믿으며 모든 것을 견디어냅니다"(1코린 13,7). '적게'도 아니며, '필요한 만큼 많이'도 아닌, 세 번이나 반복된 '모든 것'이 먼저 사랑하신 그분, 하느님에게서 나온 모든 피조물 앞에서 가치 있으며 중요합니다.

낙원, 곧 세상이 하느님과 연결된 순수한 인간에게 맡겨진 한, 세상은 그 자체로 권리로 요구할 수 있는 모든 것을 넘어선 선물로서 모든 문을 우리에게 개방하고, 한정 없이 자신을 내어줍니다. 하지만 그런 다음 창세기 3장에서는 끔찍한 사건이 보도됩니다. 말하자면 인간은 이러한 사랑에 보답하는 사랑을 거부했습니다. 인간은 자신에게 속하지 않은 권리를 요구했을 뿐만 아니라, 자기 마음의 맹목성과 자신의 의지에서 드러나는 폭력성으로 하느님의 관용을 무색하게 만들었습니다. 말하자면 인간은 자신이 만든 왕좌에서 하느님을 떠밀어버리려 했습니다. 이로써 낙원은 깨어졌으며, 이기적이며 언제라도 분노할 것 같은 오늘날의 인간이 생겨났습니다. 그러나 하느님의 사랑은 새로운 일을 시작하셨습니다. 하느님은 당신의 영원한 아들이 죄를 떠안아서 파괴된 세상 안으로 들어오시게 하실 정도로 진실하시고 정의로우셔서, 하느님의 사랑은 생겨난 것을 차마 완전히 없앨 수 없었습니다. 이렇게 해서 우리 모두가 연루되어 있고 세상 종말까지 가야 할 싸움이 시작되었습니다.

하느님의 사랑은 보이지 않고 많은 장애에 가로막히지만 믿는 이들의 시선에는 감지될 수 있습니다. 그래서 옛 창조를 성취하기 위해, 성령께서 우리 현존재를 이끄는 것을 책임지심으로써 새로운 창조가 시작됩니다. 우리가 말하는 사랑의 이러한 특성은 새로운 은총과 연관해서만 다시 뚜렷해집니다. 단지 이성적인 것, 유용한 것, 권리에 상응하는 것을 다시금 넘어서는 어떤 힘이 분명하게 나타납니다. 이 힘은 개인 또는 작은 공동체에서도 현실적으로 작용할 뿐만 아니라, 전체적인 것으로 파악되는 인류와 세상의 한계도 뛰어넘습니다. 요한묵시록의 마지막 부분에는 다음과 같은 말씀이 나옵니다. "나는 또 새 하늘과 새 땅을 보았습니다. 첫 번째 하늘과 첫 번째 땅은 사라지고 바다도 더 이상 없었습니다. 그리고 거룩한 도성 새 예루살렘이 신랑을 위하여 단장한 신부처럼 차리고 하늘로부터 하느님에게서 내려오는 것을 보았습니다"(묵시 21,1-2).

그다음 구절에서 거룩한 도성은 값진 건축 재료뿐만 아니라 그 건물의 건축 방식 때문에 상상할 수 있는 모든 것을 능가하는 것으로 묘사됩니다(묵시 21,9-11).

요한묵시록의 이러한 말씀은 이미 중세 신비주의에서 말하듯이 '넘쳐나는 사랑 excessus amoris'을 표현합니다. 그러나 독자는 곧장 더 나아가서 이끄는 구절에 주의를 돌리게 됩니다. 이 구절은 처음에는 독자를 당황케 하지만, 그런 다음에는 마음 깊숙한 곳을 건드립니다. 여기서는 도성의 표상이 두 번째 표상을 넘어서 나아가는 것을 묘사하고 있습니다. "나[요한]는 거룩한 도성 … 신랑을 위하여 단장한 신부처럼 차리고 … 내려오는 것을 보았습니다"(묵시 21,2).

단단한 수정으로 된 도성의 표상은 신부의 인간적인 아름다움으로 변화됩니다.

성경의 의미를 잘 이해한다면, 여기서 먼저 수정으로 된 상상의 형상이 작용하고 있다는 것을 알게 됩니다. 옛 계약의 백성은 자주 아름답고 활짝 피어나는 꽃과 같은 인간의 모습으로 표상되며 "딸 이스라엘"이라고 불립니다. 비슷한 연정의 톤으로 '딸 이스라엘'로서 왕의 도성이 말해집니다. 예를 들어 '가슴 아픈 사랑'이라는 말을 생각해봅시다. 예레미야 예언자는 이러한 사랑의 감정으로 몰락하는 다윗 도성을 두고 탄식합니다. 그러나 여기서 묵시록의 예는 성경에 나오는 다른 예보다 더 강렬합니다. 묵시록에서 천사는 하느님이 당신 사랑의 힘으로 창조하신 그 사랑으로 이야기하신다는 것을 의미합니다. 돌로 만들어진 도성의 상이 내적 생명의 상으로 변환된다면, 그 상은 모든 인간의 생각과 기대를 능가합니다.

더 나아가 이 완성된 세계에서는 사랑도 성취됩니다. "그때에 나는 어좌에서 울려오는 큰 목소리를 들었습니다. '보라, 이제 하느님의 거처는 사람들 가운데에 있다. 하느님께서 사람들과 함께 거처하시고 그들은 하느님의 백성이 될 것이다. 하느님 친히 그들의 하느님으로서 그들과 함께 계시고 그들의 눈에서 모든 눈물을 닦아주실 것이다. 다시는 죽음이 없고 다시는 슬픔도 울부짖음도 괴로움도 없을 것이다. 이전 것들이 사라져버렸기 때문이다.' 그리고 어좌에 앉아 계신 분께서 말씀하셨습니다. '보라, 내가 모든 것을 새롭게 만든다'"(묵시 21,3-5).

처음에는 오해하기 쉽지만 곧 정확한 의도를 나타내는 요한묵시록은 첫 번째 박해 때 작성되었습니다. 로마 제국은 자기 자신을, 곧 자신의 권력과 권세를 신적인 어떤 것으로 이해함으로써, 황제를 신적 존재로 숭배했습니다. 그 때문에 로마 제국은 자신의 지상 권력을 우상화하는 것을 배척하는 종교 공동체를 적으로 규정할 수밖에 없었습니다. 이렇게 로마는 자신에게 위협이 되는 적을 제거하기 위해서 거의 300년 동안 계속해서 새로운 방식의 폭력적인 도구를 동원했습니다. 이러한 상황에서 요한묵시록은 제국의 권력에 무방비 상태로 직면하는 여기저기 흩어진 개인들과 조그마한 공동체들에게 위로를 말하고 있습니다. 그들은 대부분 문화적으로나 사회적으로 나약하고 공동체의 규모 역시 어떤 것에도 맞설 수 없었습니다(1코린 1,26 이하 참조). 그런 그들에게 사도는 저항해야 한다고 말하고 있습니다. 그리스도께서 그들과 함께 계실 것이며 그들에게 승리는 확실하다는 것입니다.

4세기에 로마 제국이 전쟁에서 패함으로써 명실상부하게 그리스도교 국가의 시대가 시작되었습니다. 하지만 로마 제국이 얼마나 실제로 그리스도교적이었는지, 얼마나 많은 이교도들이 여전히 로마 제국 안에서 영향을 더 미쳤는지, 또는 승리에 고취된 가르침 자체가 제국을 형성하는 도구로서 얼마나 폭넓게 오용되었는지는 불확실합니다.

오늘날 당시의 박해와 같은 위협은 아니지만, 다른 방식으로 상황이 재현됩니다. 독일에서 경험했고 아직도 동유럽 지역에서 경험하고 있는 독재자*는 자기 스스로를 절대적으로 여기며 지상에서 유용한 것 이외의 모든 것을 쓸어없앱니다. 오직 인간만을 실재로 여기며, 그의 자율권과 상충되는 것은 적으로서 사라져야 할 뿐입니다. 오늘날 그 규

---

* 이 책은 1960년대에 저술되었기 때문에, 저자는 당시에 아직 공산화 지역이었던 동유럽의 상황을 염두에 두고 있다.

모와 위력에서 로마의 권력을 훨씬 더 능가하는 권력이 마치 계명처럼 위력을 떨치는데, 이 권력은 바로 비인간적인 유용성을 지닌 학문이며 기술입니다. 여기서 요한은 다시 말합니다. "두려워하지 마십시오! 승리는 하느님 편에 있습니다. 인내하십시오. 수백 년 후의 시간을 측정할 수 있다 하더라도 결국 시간은 지나가버립니다. 폭력이 역사의 마지막까지 지속된다고 하더라도, 그리스도께서 마침내 다시 오셔서 심판하십니다. 그런 다음 새로운 것, 도처에 숨겨져 있고 폐기된 것이 명백히 드러나서, '전체'로 존재하게 됩니다. 이 전체는 새 하늘과 새 땅이며 거기에 새 인간이 있습니다."

문화와 세계의 현실에서 도출될 수 있는 그 어떤 자연적인 결과로도 이 같은 전체를 만들어낼 수 없습니다. 여기서 지혜이기도 한 철학은 중요한 진리를 표명합니다. 이 진리는, 어떤 존재가 더 높은 위치에 있으면 있을수록, 자신을 직접적으로 주장하는 데 있어서는 더 약화된다고 말합니다. 반면에 그 존재의 힘이 고귀하면 고귀할수록, 거친 현실을 헤쳐 나가는 기회는 더 적어집니다. 그렇다면 존재하는 최고의 것은 모든 의미를 충만하게 하는 것으로서 세상에서 가장 나약한 것으로 있게 됩니다. 구원을 가져다준 그리스도의 운명이 이를 증명해줍니다. 이 구원은 순수한 진리의 방식으로만 실현될 수 있었기 때문에, 구원은 인간 의지의, 곧 로마 제국의 통치자뿐만 아니라 유다 최고 의회에서도 보게 되는 국가 의지의 폭력성 앞에서는 무기력할 수밖에 없었습니다. 이 무기력함 때문에 세상은 마치 우연히 그렇게 흘러가듯이 진행되었고, 오늘날에도 마치 당연히 그런 것처럼 진행되며, 앞으로도 항상 다시 그런 식으로 진행될 것입니다. 그러나 완전한 승리, 곧 세상 사물들의 완성은 하느님으로부터 올 것입니다. 인간이 역사의 흐름 속에서 결국 기쁜 소식의 진리를 인식하여 그 공간을 부여함으로써 이러한 완성이 이루어지는 것이 아닙니다. 오히려 이 완성은 본래의 창조적 원천으로부터 이루어집니다. 다시 말해 이 완성은 '자연'으로부터가 아니라, 하느님의 작품이었던 첫 번째 세상을 이미 발출하였던 동일한 성령의 힘으로부터 이루어집니다.

성령께서는 사랑이 인간 현존재를 지배하게 만드실 것입니다. 성령께서는 계시된 진리를 향한 하느님의 신비로,

모든 것을 지배하십니다. 왜냐하면 새로운 예루살렘에서는 다음의 말씀처럼 빛까지 변화되기 때문입니다. "그 도성은 해도 달도 비출 필요가 없습니다. 하느님의 영광이 그곳에 빛이 되어주시고 어린양이 그곳의 등불이 되어주시기 때문입니다." 그리고 재차 "다시는 밤이 없고 등불도 햇빛도 필요 없습니다. 주 하느님께서 그들의 빛이 되어주실 것이기 때문입니다. 그들은 영원무궁토록 다스릴 것입니다"(묵시 21,23; 22,5)라고 강조합니다. 이렇게 빛은 단순히 자연적인 근원을 지니는 것이 아니라 오히려 하느님으로부터 나오며, 이 빛은 모든 것을 지배하는 어떤 힘일 것입니다. 그러나 인간의 삶에서 "부정한 것은 그 무엇도, 역겨운 짓과 거짓을 일삼는 자는 그 누구도 도성에 들어가지 못합니다"(묵시 21,27). 또한 "다시는 죽음이 없고 다시는 슬픔도 울부짖음도 괴로움도 없을 것입니다"(묵시 21,4). 왜냐하면 이 모든 것은 어둠이기 때문입니다.

최종적으로 세상은 빛의 도성이 될 것입니다. 이 도성 안에서 금과 보석 자체도 더 숭고한 것으로 바뀝니다. 기쁜 소식에서 말하는 것처럼, 거리에 펼쳐진 금이 "투명한 유리 같은"(묵시 21,21) 것이기 때문입니다. 그러나 우리 인간들은 묵시록의 서두에서 일곱 통의 편지가 말하는 그러한 변화를 체험해야 합니다. 왜냐하면 각 편지의 내용이 박해에서 끝이 나기에, 인내를 연습해서 박해를 "극복하는" 사람은 칭송받을 것이기 때문입니다.

묵시록의 맺음말에서는 다음과 같이 말합니다. "성령과 신부가 '오십시오' 하고 말씀하신다." 그리고 재차, "이 일들을 증언하시는 분께서 말씀하십니다. '그렇다, 내가 곧 간다.' 아멘! 오십시오, 주 예수님!"(묵시 22,17.20)이라고 말합니다. 누구나 이렇게 말할 뿐만 아니라 '신부'도 그렇게 말합니다. 이 신부는 요한이 말하듯이, 오늘날까지 아직 드러나지 않았지만, 우리 본연의 인간성으로서 우리 내면 깊숙한 곳에 있습니다(1요한 3,2).

이 '신부'는 인간일 뿐만 아니라 모든 것이기도 합니다. 이는 사랑이 역사적이고 인간을 사로잡는 힘이 될 뿐만 아니라 우주적 힘도 된다는 것을 말해줍니다. 또한 이렇게 사랑을 통해 변화된 세상은 세상 자체로부터 나오지 않고, 오히려 밖에서 '옵니다.' 요한이 도성에 대해 말하는 것처럼, 이 세상은 "하느님에게서 내려오며"(묵시 21,10) 그 때문에 비로소 고유하게 '세상'이 됩니다. 바오로 사도는 이미 이러한 표면상의 역설에 대해 말했습니다. "이제는 내가 사는 것이 아니라 그리스도께서 내 안에 사시는 것입니다"(갈라 2,20). 다시 말해, 그리스도께서 인간 안에서 당신의 능력을 발휘하심으로써, 이 인간은 온전하게 고유한 자기 자신이 된다는 것입니다. 마찬가지로 도성이 '하느님에게서 내려옴'으로써, 도성은 그때서야 비로소 자신의 정당한 본래의 중심을 획득합니다. 이렇게 해서 이 세상을 창조하셨을 때 하느님께서 본래 뜻하셨던 바가 완성됩니다. 그 뜻은 '세상은 하느님으로부터' 존재해야 한다는 것입니다.

하느님이 누구신지

우리는 올바로 말할 수 없습니다.

그분을 체험해야만 알 수 있습니다.

하느님은 이런 체험을 원하는 이에게

당신 자신을 선사하십니다.

- 로마노 과르디니 -

옮긴이의 말

역자는 아쉽게도 지금은 종간된 월간 〈성서와함께〉에 이 책의 일부 내용을 연재한 바 있었는데, 이제야 이 책을 온전한 모습으로 선보이게 되었습니다. 한국에서는 로마노 과르디니의 명성에 비해 그의 작품들이 거의 번역되지 않아서, 여기에 소개하는 역자의 번역을 통해 과르디니의 작품을 처음 접하는 독자도 많으리라 생각합니다. 과르디니는 신학자로서도 활동했고 종교철학자로서도 대학에서 강의하고 연구했기 때문에, 성경 말씀을 묵상한 이 책 역시 그 바탕에는 철학적인 숙고가 많은 부분을 차지하고 있습니다. 하지만 이 책은 학문적인 성경 주석의 형태 대신, 그리스도교 신앙인 독자들의 기도와 묵상을 돕는 영적 입문서의 형태를 취하고 있습니다.

과르디니는 이 책에서 요한복음과 요한의 첫째 서간을

묵상의 대상으로 삼았습니다. 과르디니가 이렇게 요한계 문헌을 대상으로 삼은 것은 이 문헌이 특별히 영적 풍부함을 많이 간직하고 있기 때문일 것입니다. 1부에서 다루어지는 요한복음의 고별 담화에 대한 묵상에서, 과르디니는 요한 복음사가가 구체적인 사건과 영적인 상황을 신적인 것과 탁월하게 연결시킴으로써, 우리가 사는 현재가 항상 하느님의 영원성과 신비롭게 이어진다는 점을 보여줍니다. 그러면서 이에 대한 자신의 탁월하고 독특한 해석을 제시합니다.

요한의 첫째 서간을 다루는 이 책의 2부는 특히 강의를 들려주듯 생생한 구어체로 직접적인 대화의 숨결을 전달합니다. 이 책 전체에서 요한계 문헌을 묵상하면서, 과르디니는 하느님에 대한 간절한 목마름을 사랑과 진리라는 주제어에 담아 오랫동안 묵상한 내용을 심오한 사유로 표현합니다. 바오로 6세가 추기경으로 서임하려고 했으나 이를 거절할 정도로 인간적으로도 겸손했던 과르디니는 이미 1968년에 돌아가셨지만, 여전히 가톨릭교회 정신을 깊이 통찰한 인물로 기억되고 있습니다. 아무쪼록 독자들이 저자의 오랜 묵상의 향기가 깊게 밴 이 책을 통해 요한복음과 요한 서간에 좀 더 가까이 다가가기를 바랍니다.

혜화동 신학교정에서
김형수 신부

하느님의 진리와 사랑

요한복음의 고별 담화와
요한 1서의 묵상과 사색

서울대교구 인가	2022년 11월 25일
초판 1쇄 펴낸날	2023년 3월 16일
2쇄 펴낸날	2024년 2월 20일
지은이	로마노 과르디니
옮긴이	김형수
펴낸이	나현오
펴낸곳	성서와함께
	06910 서울특별시 동작구 흑석로13길 7
	Tel: (02) 822-0125~7/ Fax: (02) 822-0128
	http://www.withbible.com
	e-mail: order@withbible.com
등록번호	14-44(1987년 11월 25일)

ⓒ 성서와함께 2023
성경 ⓒ 한국천주교중앙협의회, 2023.

ISBN 978-89-7635-412-9 93230